서울 스타일

ソウルスタイル

韓国のそこが知りたい 55

朴 大王 著
PARK DAEWANG

白帝社

はじめに

　近年の韓流の大きな波にのって、韓国に関する情報は世に満ち溢れているように思えます。しかし、旅行のガイドブックや芸能関連の雑誌、また、難しい研究書などが多いようです。さらに、歴史や政治関連や批判的な本などの刺激的な話題も散見され、その情報に少し偏りがあるように思われます。
　そこで、韓国の「普段着の」生活習慣について、子どもから大人まで気軽に読めて、つい、韓国に行ってみたくなるような、そんな本を作りたいと思っていました。

　今、大学では、韓国語を履修する学生が年々増加しています。私の所属する大学では、日韓の学生たちの相互理解を深めるため、毎年夏休みに、韓国で3週間の語学研修（韓国セミナー）を行っていますが、その参加者も2012年度には100名を越すまでになりました。
　私は長年、日本人に韓国語を教える間に、そんな学生からの様々な質問に答えてきました。例えば、「先生は何歳なの？」、「どうして日本に来たの？」、「韓国では朝からキムチ食べるの？」など、どれほど聞かれたことか、わかりません。

　本書は、そんな素朴な疑問に、ありのままの韓国を紹介する本です。しかし、世の中に、他にこのような趣旨の本がないわけではありません。
　これまで日本人のみなさんの立場から発せられた質問を、アンケートなどで、少しずつ集めてきました。そんなデータベースの中から、選りすぐった55項目の質問に対し、ソウル生まれの韓国人である私が答える形式をとっています。私と、そして多くの日本人のみなさんと一緒にこの本を作り上げたことが、本書の特徴の一つではないかと思います。

よりわかりやすくするために、知人の画家にお願いして、すべての項目にひとつひとつ絵を描いていただきました。それらを楽しんでいただきたいことはもちろん、単に質問に答えるだけではなく、キーワードとなる単語や、韓国旅行などで役に立つフレーズなども取りあげ、高校や大学などの副教材としても活用できるようにしました。

　韓国に親しみを持つ、多くの日本のみなさんに、本書を楽しんでいただく事を願ってやみません。

目　次

はじめに ……………………………………………………… i
この本の構成 ………………………………………………… vi

01　韓国版新幹線KTXには、改札がないのですか？ ……………8
02　なぜ、路上駐車が多いのですか？ ……………………………10
03　鍋のふたにラーメンをのせて食べるのですか？ ……………12
04　電車の中で電話をする人が多いですが、大丈夫ですか？ ……14
05　毎日お風呂に入らないのですか？ ……………………………16
06　街中で軍人をよく見かけますが、怖くないですか？ ………18
07　軍隊に行かなければなりませんか？ …………………………20
08　兵役とチョコパイは、どんな関係がありますか？ …………22
09　北朝鮮との国境は、どうやって見分けるのですか？ ………24
10　南北離散家族って何ですか？ …………………………………26
11　板門店は個人でも行けますか？ ………………………………28
12　マザコンの男性が多いですか？ ………………………………30
13　冬は、氷点下18度まで下がるって本当ですか？ ……………32
14　日本のことをどう思いますか？ ………………………………34
　　【コラム】ソウル紹介 ……………………………………………36
15　路線バスに乗るとき、走らないといけないですか？ ………38
16　十字架をよく見かけますが、教会は多いですか？ …………40
17　お墓はどんな様式ですか？ ……………………………………42
18　マンションにベランダはないのですか？ ……………………44

19	トイレットペーパーを流してはいけないのですか？	46
20	割り勘ではなく、一人で全部払うのですか？	48
21	ご当地のおみやげがありますか？	50
22	手軽に作れるおすすめの食べ物は、何ですか？	52
23	一人で外食することが少ないですか？	54
24	真っ黒なチャジャン麺は、おいしいですか？	56
25	ひざを立ててご飯を食べるのは、普通ですか？	58
26	器を手で持ち上げて食べるのは、行儀が悪いですか？	60
27	ご飯を食べてから、お酒を飲むのですか？	62
28	冷蔵庫の中の大きな容器には、何が入っているのですか？	64

【コラム】B級グルメ ……66

29	自転車をあまり見かけないのは、なぜですか？	68
30	赤ちゃんに純金の指輪を贈るのですか？	70
31	おすすめのおみやげは、何ですか？	72
32	スイカを手みやげに持って行くのですか？	74
33	寿司とラーメンは、同じ店で売っているのですか？	76
34	タクシーを呼ぶとき、手を上下に振るのですか？	78
35	シュポ（super）とマートは、どう違いますか？	80
36	道でよく人に声をかけられます。それは普通ですか？	82
37	ソウルでは日が長いと感じますが、勘違いですか？	84
38	両替はどこでするのがお得ですか？	86
39	住民登録番号って何ですか？	88
40	女性は整形について、どう考えているのですか？	90

- *41* 高校生は、夜10時まで学校で勉強するのですか？ ………………92
- *42* 大学図書館は、24時間開いているのですか？ …………………94
- 【コラム】小学生から海外留学 ……………………………………96
- *43* 男性がよく花を贈りますが、ドラマだからですか？ ……………98
- *44* 学生たちに人気のある遊びは何ですか？ ……………………… 100
- *45* なぜドラマにお金持ちが多く出てくるのですか？ ……………… 102
- *46* 上下関係は厳しいですか？ ……………………………………… 104
- *47* 親や身内にも敬語を使うのですか？ …………………………… 106
- *48* どうして横を向いてお酒を飲むのですか？ …………………… 108
- *49* 女性同士で腕を組んで歩くのは、普通ですか？ ……………… 110
- *50* 毎年誕生日が変わるのは、どうしてですか？ ………………… 112
- *51* 金・李・朴さんが多いですが、名前はどうですか？ ………… 114
- *52* 定年が50歳って本当ですか？ ………………………………… 116
- *53* 結婚式はどんな違いがありますか？ …………………………… 118
- *54* リビングに大きな結婚式の写真を飾るのですか？ …………… 120
- *55* 母の日・父の日はありますか？ ………………………………… 122

付録　韓国を理解するためのキーワード解説 ……………………… 126
付録　索引 ……………………………………………………………… 133
おわりに ………………………………………………………………… 142

[この本の構成]

① 本文
約 4,500 の韓国に関する質問の中から、選んだ 55 項目について説明しています。

② キーワード
韓国についての知識を深める手助けとして、本文から選びました。
インターネット検索にも使えるよう、ハングルを併記してあります。

③ キーワード解説
＊印のついたキーワードに対して、付録として巻末に解説を付けました。

④ 索引
付録として巻末にキーワードと表現に出てくる単語の索引を設けました。

⑤ 表現

本文に関連する表現として、例文を2文示しました。

実際の会話で役立つよう、自然な言い回しにしています。

赤文字になっている［요］は、取って用いることもできます。

［요］を付けて用いた場合は、親しみを込めた、丁寧な表現になります。

［요］を取って用いた場合は、同僚や目下の人に向けて話すような、ぞんざいな表現になります。

● カタカナの読み仮名について

韓国語初心者の方でもすぐに読めるようカタカナで読み仮名を付けました。

※終声（パッチム）［ㄱ］［ㄹ］［ㅁ］［ㅂ］などについては、小さな文字で「ク」「ル」「ム」「プ」のように表しています。

※語頭の濃音は、「ッ」を入れて表しました。

表現

표 한 장 주세요. (きっぷ一枚ください。)
ピョ ハンジャン ジュセヨ ⑤

자리 없어요? (席はないですか。)
チャリ オプソヨ

SEOUL STYLE
서울 스타일
ソウルスタイル

韓国版新幹線 KTX には、改札がないのですか？

　ソウル駅や釜山(プサン)駅などで、韓国の高速鉄道"KTX"に乗るとき、不思議なことにどこにも改札がなく、いつのまにか列車の乗車口にたどり着いてしまいます。

　KTX は原則全席指定です。座席予約は駅できっぷを買うほかに、ネットでもできます。乗車時にはきっぷなしでも、列車の席まで直接行って自分の席に座ることができます。車内改札が来たら、車掌さんに携帯電話で自分の予約を提示して確認してもらえば OK です。ただし日本人などの外国人には、外国発行クレジットカードでのネット上での決済はいろいろ手間がかかるので、窓口で直接きっぷを買うほうがいいでしょう。

　ところで、日本の新幹線はほとんどの区間が専用区間となっていますが、韓国では在来線も KTX も線路の幅が同じため、専用区間は一部だけで、駅の近くにくると在来線と同じ線路を走ってホームに滑り込んできます。改札もない駅のホームに、KTX と在来線のセマウル号が一緒に並んで停まっているのは、日本人から見ると、変な光景でしょうね。

　ちなみに、ソウルなどの地下鉄には、日本と同じように改札がありますので、お間違いなく。

キーワード

* KTX
* 釜山駅(プサンニョク)（부산역）
* ソウル駅(ソウルリョク)（서울역）
* セマウル号(セマウロ)（새마을호）

表現

표 한 장 주세요. （きっぷ一枚ください。）
ピョ ハンジャン ジュセヨ

자리 없어요? （席はないですか。）
チャリ オプソヨ

なぜ、路上駐車が多いのですか？

　確かに韓国のテレビドラマを見ていると、道路に停めた車に乗り込んで颯爽と出かける、というシーンをよく見かけますね。

　実は日本と違い、マンションにはきちんと区画の決まった駐車場があるわけではなく、マンションの敷地内ならどこに停めてもOKなのです。ちなみに韓国では、マンションのことをアパートと言います。

　そうなると、停める場所は早いもの勝ち。二重駐車も普通に行われます。では、内側の人は出かけるときにどうやって外に出るのでしょう。でも、そこはご心配なく。車を停めるときの暗黙の了解でサイドブレーキを引かないことになっています。じゃまな車があっても、人が車を押して動かし、スペースを作って出ることができます。毎日停める場所が変わるため、自分の車がどこにあるか、探すこともあります。

　さらに、運転席の窓側に携帯電話の番号を見えるように出しておくのがマナーです。電話番号を示すかわいい刺繍入りのクッションがアクセサリーのように飾られていたり、宝石売り場の金額表示みたいにカッコよく数字を並べたグッズを使う人もいます。

　駐車スペースが有効に使えるし、なかなか合理的でしょう？

キーワード

路上駐車（노상주차 ノサンジュチャ）　　駐車場（주차장 チュチャジャン）
合理的（합리적 ハムニジョク）　　自動車（자동차 チャドンチャ）

表現

여기서 멀어요? (ここから遠いですか。)
ヨギソ モロヨ

아직 멀었어요? (まだまだですか。)
アジン モロッソヨ

鍋のふたにラーメンを のせて食べるのですか？

　韓国のテレビドラマでは、インスタントラーメンを食べるシーンがたびたび出てきます。また、日本なら鍋のシメにうどんを入れるところですが、韓国ではチゲにインスタントラーメンの麺を入れます。それほど、韓国人にとってインスタントラーメンは、身近な食べ物かもしれません。

　韓国でも、もちろんどんぶりに入れて食べますが、鍋から直接食べることもよくあります。学生が集まって数人前を一度に作り、つついて食べることもしばしばです。しかし、韓国で最もおいしいラーメンの食べ方とは、鍋のふたを手に持って、食べる方法です。鍋から直接食べると熱いですよね。だから、鍋のふたに一旦麺をのせ、冷ましながら食べるのです。みんなで食べるときには、ちょっとした鍋のふたの取り合いになったりもします。

　カップラーメンを食べるときも、ふたを四つに折り、カップのように開いて、そこに一旦麺を入れて、冷ましながら食べます。ちょうど理科の実験で濾紙を折る要領を応用した感じです。

　韓国のラーメンを食べるときには、やはりキムチがよく合います。みなさんもぜひ、キムチといっしょに鍋のふたで食べてみてくださいね。

キーワード

なべ（냄비） ネムビ　　　　ふた（뚜껑） ットゥコン
＊ラーメン（라면） ラミョン　　カップラーメン（컵라면） コムナミョン

12

表現

같이 먹어요. （一緒に食べましょう。）
カチ モゴヨ

면이 불어요. （麺がのびます。）
ミョニ プロヨ

04 電車の中で電話をする人が多いですが、大丈夫ですか？

　韓国人は人と会ったり話したりするのが大好きです。みなさんも、忙しくてなかなか会えないときには、せめて電話で話でもしたくなるでしょう。そんなとき、思い立ったら昼でも夜でも、すぐに電話をする人が韓国では多いようです。たとえ深夜に電話をかけたとしても、電話を受ける側も親しい間柄の証のように考えて、目くじらを立てて怒ったりはしません。

　そんなお国柄ですから、電車の中での通話もちっとも変わったことではないのです。電車の中で友達同士おしゃべりするのと、同じような感覚なのかもしれません。だから、車内アナウンスも「車内で通話する声は控えめにお願いします」というだけで、車内での通話自体を止めるようには言っていません。

　特に、ソウルを走る電車はほとんど地下鉄です。韓国では携帯電話が普及し始めた当初から、地下鉄のトンネル内に電波が通じていました。現在では車両の中にWi-Fiアンテナが設置されているなど、通信環境の充実ぶりにはただただ感心するばかりです。

　スマートフォンもそのアプリも、世界で大きなシェアを持つ韓国企業の製品は多く、日本でもよく目にするようになりました。韓国に行けば、日本にない最新機種に出会えるかも知れませんね。

キーワード

*電車（전철 / チョンチョル）　電話（전화 / チョナ）
友達（친구 / チング）　流行（유행 / ユヘン）

表現

메일 보내 주세요. （メールを送ってください。）
メイル ポネ ジュセヨ

핸드폰 꺼 주세요. （携帯電話を切ってください。）
ヘンドゥポン ッコ ジュセヨ

 毎日お風呂に入らないのですか？

　多くの日本人は、夜、寝る前にお風呂につかりますが、韓国人には毎晩湯船につかる習慣がありません。といっても、体を洗わないわけではなく、朝、シャワーを浴びるのが一般的です。

　一般の家庭には、ユニットバスのようにトイレとシャワーが一緒になった場所があります。湯船は、あまり家庭では使いません。お湯につかりたいときには、モギョクタン（목욕탕）やチムジルバン（찜질방）に行きます。銭湯にあたるモギョクタンでは、見ず知らずの人に背中を流してもらったり、自分のアカスリを手伝ってもらったりもします。これは韓国では普通のことです。

　韓国人が日本の家に泊まると、風呂とトイレが別々になっているのが不便だと感じます。また、家の中で他の人が入った湯船のお湯に自分が入るのにも少し抵抗があります。私がホームステイではじめて日本の家に泊まったとき、お風呂から上がるときに、湯船のお湯を抜いてしまって、家族じゅう大騒ぎになったことがありました。さらに、家族とはいえ、お父さんと幼い娘が一緒に家のお風呂に入るなんて信じられません。

　寒い夜にお風呂に入ると、湯冷めして風邪をひきそうな気がするのですが、みなさんはどうですか？

キーワード

＊銭湯（목욕탕）モギョクタン　　＊チムジルバン（찜질방）ッチムジルバン
　アカスリ（때밀이）ッテミリ　　　お父さん（아버지）アボジ

表現

샤워하고 싶어요. （シャワーをしたいです。）
シャウォハゴ シポヨ

찜질방은 어때요? （チムジルバンはどうですか。）
ッチムジルバンウン オッテヨ

街中で軍人をよく見かけますが、怖くないですか？

　韓国の治安は他の国に比べて比較的よいほうだと思います。街を歩くとわかりますが、街の造りが日本とよく似ていて、あまり違和感を感じない街並みです。街の看板や標識に書かれた韓国語の文字が読めない分、多少の不安があるかと思いますが、日本と同じような安全な場所、危ない場所のイメージで過ごしてもいいと思います。

　韓国では兵役があるため、街中や電車の中などで軍服を着た軍人を見かけることがあるでしょう。彼らは、もしかすると休暇中なのかもしれませんが、われわれ韓国人からすると、怖いどころか、いたる所で軍人に守られているという安心感があります。

　ときどき日本人の学生から、軍服姿の軍人が市街地をあちこち歩いているので、すれ違ったりすると怖くて緊張するという話を聞きます。でも、それは韓国人には普通の光景ですし、特に、私のような兵役を終えた男性からすれば、いま現役でがんばっている後輩たちですから、どこか親しみを感じるぐらいです。

　みなさんが韓国を旅行されるときは、もちろんそこは外国ですから、適度な緊張感と警戒心を持って行動されることをおすすめしますが、過度な心配は不要だと思います。

キーワード

軍人（군인）クニン　　治安（치안）チアン
後輩（후배）フベ　　警戒心（경계심）キョンゲシム

表　現

조심하세요．（気をつけてください。）
チョシマセヨ

괜찮아요？（大丈夫ですか。）
ケンチャナヨ

# 軍隊に行かなければなりませんか？

　韓国の男性は一部の例外を除き、兵役に就かなくてはいけません。19歳になると徴兵検査があり、軍隊に約2年間行く必要があります。入隊時期は選択することができますが、多くは、大学の2年生前後に入隊します。この場合一旦休学することになります。また、浪人した場合など、大学入学前に入隊する人もいます。兵役は韓国の男性にとって人生の大事な時期を費やすことになるため、留学や就職など、いろいろな状況を考えて自分の人生設計に合った入隊時期を決めます。終了後も"予備役"として、定期的な訓練を一定期間受け続けます。

　一般的には入隊すると、大半が陸軍に配属されます。海軍や海兵隊、空軍には、入隊時に適性試験もあります。例えば、海軍や海兵隊志願者には水泳の試験があります。実は、韓国の小学校にはプールがないところが多く、また日本の小学校のように水泳が必須ではないため、泳ぎが苦手な人も多く、海軍や海兵隊に入るのは難しいことなのです。

　また韓国のキャンパス内では軍服姿の学生を見かけることがあります。彼らは、"ROTC"と呼ばれる軍人指導者養成コースの学生で、卒業後には将校として任官されます。

キーワード

＊兵役（병역）ピョンヨク　　　浪人（재수생）チェスセン
＊予備役（예비역）イェビヨク　　＊ROTC

表現

언제 군대 가요? （いつ軍隊に行きますか。）
オンジェ グンデ ガヨ

씩씩해요. （たくましいです。）
ッシクシッケヨ

兵役とチョコパイは、どんな関係がありますか？

　韓国の男性には兵役の義務があり、みなさんと同じように勉強していた普通の学生を、いきなり軍人として鍛え上げなければなりません。そのため、辛い訓練や勤務が待ち受けているのも事実です。そんな毎日の中で、楽しみにしているのは家族や友人との面会です。

　だいたい土日のお昼には面会が可能です。もちろん、その人が配属されている部隊がある場所まで行かなくてはいけません。配属先はさまざまで、ソウル近郊の軍事施設に配属される人もいれば、北朝鮮との最前線に配属される人もいます。

　各部隊には、たいてい休憩所や面会所などの施設があり、そこにいろいろなおみやげを携えて面会に行きます。おみやげの定番としてはトンダク（통닭）とかチョコパイ（초코파이）などが挙げられます。トンダクはその場でみんなで食べるためですが、チョコパイは部隊で一緒に勤務している仲間へのおみやげとして渡すことが多いのです。軍隊生活ではあまり甘いものが食べられないため、菓子パンの代わりに、個装されていて携帯もできるチョコパイは重宝されます。韓国人にとってチョコパイは、思い出深い特別なものなのかもしれません。

キーワード

＊チョコパイ（초코파이）　　義務（의무）
　面会（면회）　　　　　　＊トンダク（통닭）

表現

멋있어요. (カッコいいです。)
モシッソヨ

오랜만이에요. (久しぶりです。)
オレンマニエヨ

北朝鮮との国境は、どうやって見分けるのですか？

　一般の韓国人で北朝鮮との国境線を見たことのある人はいないでしょう。なぜかというと、韓国と北朝鮮は今でも戦争中であり、休戦しているだけなので、国境警備を担当する兵士以外は近づくことすらできないからです。互いに相手を国と認めていないので、国境線というよりも、"軍事境界線"あるいは"38度線"などと呼ばれています。

　休戦時に設けられた軍事境界線から両側2km幅に非武装地帯（DMZ）と呼ばれる緩衝地帯が設置され、南北双方ともここに立ち入ることはできません。全長250kmにも及ぶ境界線には、いたる所に監視所が設けられ、24時間、南北から兵士がお互いを監視しています。延々と鉄条網が張られ、数時間おきに兵士が柵に異常がないか巡回しています。

　韓国側では、DMZのさらに南側数kmには民間人統制線（民統線）が設定されており、一般の人は入ることができません。ここにも厳しい警備体勢がひかれていて、韓国軍が設定したゲート以外からの出入りはできません。

　例外として、古くからの住民に限って、厳しい統制があるものの、民統線の内側で農業などで生活することが許されています。

> **キーワード**
>
> 国境（국경 ククキョン）　　＊休戦（휴전 ヒュジョン）
> ＊軍事境界線（군사경계선 クンサギョンゲソン）　　＊38度線（삼팔선 サムパルソン）

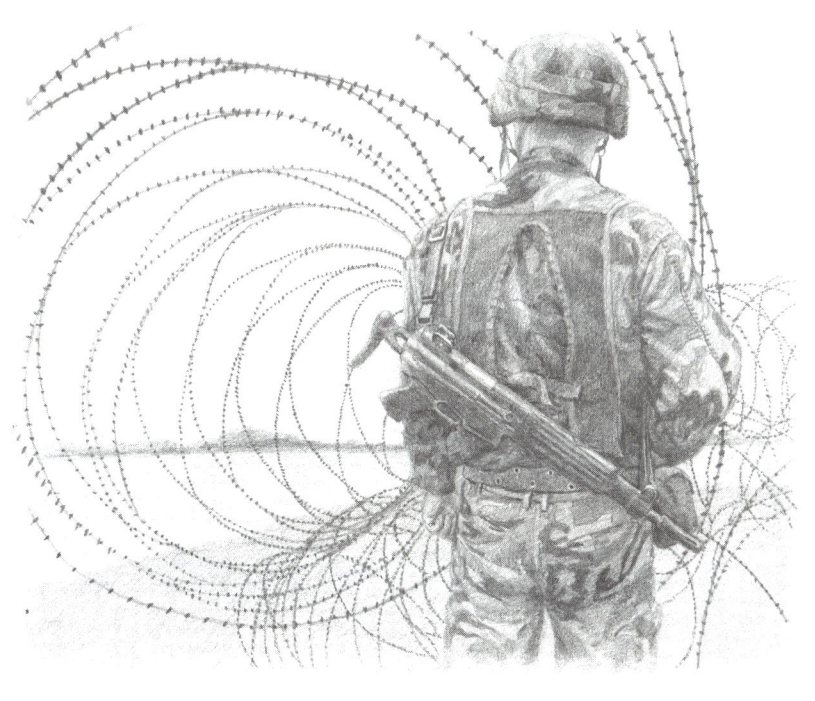

表現

사진 찍어도 돼요? （写真撮ってもいいですか。）
サジン ッチゴド テヨ

긴장돼요. （緊張しています。）
キンジャンデヨ

10 南北離散家族って何ですか？

　1950年6月25日に、韓半島（朝鮮半島）では朝鮮戦争が勃発し、この戦争以降、南北は分断国家になってしまいました。

　戦争により離ればなれで暮らさなくてはならなくなった家族がたくさんいることは、日本でもときどきニュースで取り上げられるのでご存知の方も多いでしょう。このような家族のことを離散家族と言い、一説にはその数1000万人とも言われています。

　もちろん、韓国と北朝鮮の諸事情により、北朝鮮にいる家族と連絡を取ることは不可能です。だから生きているか死んでいるかもわからない人々もたくさんいます。ただ1970年代初めから始まった南北赤十字会談で、離散家族の問題が取り上げられ、その後、一部の人々の面会が可能になったこともあります。

　韓国でも日本のお盆にあたる行事があります。北朝鮮にお墓があるため、お墓参りができない人々は、臨津江（임진강）という川沿いにある、民間人が行ける北限近くに建てられた臨津閣（임진각）という建物を訪れ、毎年そこで故郷の方角に向かって手を合わせる人が多くいます。

　早く自由に家族そろって法事やお墓参りができるような時代がくればと、切に願ってやみません。

> **キーワード**
>
> 離散家族（이산가족）　＊6.25（육이오）
> ＊臨津江（임진강）　　法事（제사）

表現

헤어지기 싫어요. (別れたくないです。)
ヘオジギ シロヨ

슬퍼요. (悲しいです。)
スルポヨ

11 板門店は個人でも行けますか？

　結論からいうと、個人ではまず行くことはできません。

　板門店には、あらかじめ韓国政府の許可を得たツアーでのみ訪問が可能です。形式的には国連軍のゲストという名目になっており、日本人はこのツアーに参加することが可能です。しかし、韓国人はトラブル防止のため訪れることはできません。訪問できるのは、主に外国人です。

　板門店周辺の共同警備区域（JSA）に入る際には、緊急事態が生じても自己責任を承知で訪問する旨の誓約書に署名させられ、服装、持ち物にも厳しい制限があります。次に民間人統制線を越える際には韓国軍兵士の検問があり、各人のパスポートチェックもあります。さらに、非武装地帯（DMZ）から内側に入る際には、専用のバスに乗り換えさせられ、雨の日でも傘をさすことすら許されません。

　板門店を訪問するほかに、北朝鮮との国境を望むことができる統一展望台や、北朝鮮が密かに韓国への侵入を意図して掘ったといわれるトンネルの見学ツアーもあります。韓国ならではの場所でもありますので、ぜひツアーに参加して、みなさんにとって「国とは何か？」を肌で感じるきっかけになることを願っています。

キーワード

＊板門店（판문점）　パンムンジョム
＊共同警備区域（공동경비구역）　コンドンキョンビクヨク
＊非武装地帯（비무장지대）　ビムジャンジデ
＊統一展望台（통일전망대）　トンイルジョンマンデ

表現

저기가 북한이에요?
チョギガ プッカニエヨ
(あそこが北朝鮮(北韓)ですか？)

정말이에요? (本当ですか。)
チョンマリエヨ

12 マザコンの男性が多いですか？

　韓国人は、恋人にだけでなく、家族に対しても「サランヘ（사랑해）」などの愛情表現をよく口にします。自分の子どもに「사랑하는 우리 딸（愛するうちの娘）」とか、親には「엄마 사랑해요（お母さん愛してます）」などとよく言います。「サランヘ」は日本語では「愛してる」と訳されますが、「好きだよ」というニュアンスに近いのかもしれません。

　ドラマなどで、息子がお母さんを後ろから抱きしめるようなシーンを見たことはありませんか。以前、「息子さんに後ろから抱きしめられたら、日本のお母さんは、どういう反応をするのでしょうか？」と聞いたところ、「先生、気持ちワルっ！」と言われたことがあります。日本ではこんな男性はマザコンというレッテルを貼られそうですね。でも、自分を産んで育ててくれたお母さんに対して、どこがいけないのか正直分かりません。

　韓国人の若い男性は、兵役に服役中、国や家族や自分の将来のことなど、いろいろ考える時間が多くなります。その分、少し成長した自分と、なぜか小さくなったように見えるお母さんのことがオーバーラップするのかもしれません。お母さんへの愛情表現は、決してマザコンだからということではないのですよ。

キーワード

男性（남성〔ナムソン〕）　　子ども（아이〔アイ〕）
先生（선생님〔ソンセンニム〕）　息子（아들〔アドゥル〕）

表現

사랑해요. (愛しています。)
サランヘヨ

싫어요. (嫌です。)
シロヨ

13 冬は、氷点下18度まで下がるって本当ですか？

　韓国の気候は、近いだけあって日本と大きく変わることはありませんが、全体的に日本より気温が低いと言えます。

　夏は、東京とソウル、統計上は1～2℃ソウルが低いようです。もちろん韓国も暑いのですが、体感的には湿気が少ないので、とても過ごしやすく感じられます。

　ところが、冬は平均気温で約8℃の差があり、ソウルには厳しい寒さが待っています。ソウルの緯度は日本でいえば仙台と同じくらいですが、気温はそれよりも低く、札幌並みの気温です。一日中氷点下になる日もめずらしくなく、最低気温が−18℃ぐらい、風の強いソウルでは体感気温にして−20℃以下になることも少なくありません。昔は街を流れるあの大きな漢江(한강)の上でスケートができるほど凍ることもありました。

　その代わり、韓国の建物の中は異常なほどに暖かいです。家ではオンドルと呼ばれる韓国独特の床暖房システムがあって、足元からポカポカします。冬は、建物全体を暖める韓国より、日本のほうが寒いのではないかと錯覚するぐらいです。

　韓国では冬に暖房のため、電力不足が話題になります。夏に電力消費が多い日本とは反対ですね。

キーワード

気候 (기후) キフ　　東京 (도쿄) トキョ
*漢江 (한강) ハンガン　　*オンドル (온돌) オンドル

表現

아주 추워요. （とても寒いです。）
アジュ チュウォヨ

비가 와요. （雨が降っています。）
ピガ ワヨ

14 日本のことをどう思いますか？

　日韓両国間に何か問題が起こると、マスコミは両国民の感情をまるで煽るかのように取り上げて報道しているように見えます。でも、実際に個人レベルで考えた場合、そんなにひどい感情を持っている人がどれくらいいるのでしょうか。少なくとも私のまわりにはそのような人は見受けられません。大多数の日本人はそうではないと私は考えています。同じように韓国でも、個人レベルでは日本のことを本当に嫌いと思っている人は少ないと思います。

　韓国では、「親日的」という言葉は「裏切り者」のような意味になることもあります。遠い昔、親日的だった人が国に悪いことをしたと思われているところがあるためです。ですから、韓国で大っぴらに"日本が好き"というのは、日本に比べると、はばかられる環境にあるかもしれません。

　でも、今から10年前、20年前の日韓関係はどうでしたか。現在、日本で韓国ドラマやK‐POPなど「韓流」が市民権を得ているように、韓国でも「日流」という感じで、小説や『ドラえもん』『名探偵コナン』などのアニメ、「かっぱえびせん」などの食文化まで、日本文化は幅広く受け入れられています。このように、お互い民間レベルの交流が進めば、日韓関係の未来は明るいでしょう。

キーワード

感情（감정）　カムジョン
＊韓流（한류）　ハルリュ
日韓関係（일한관계）　イラングァンゲ
未来（미래）　ミレ

※韓国で実際に販売されている商品

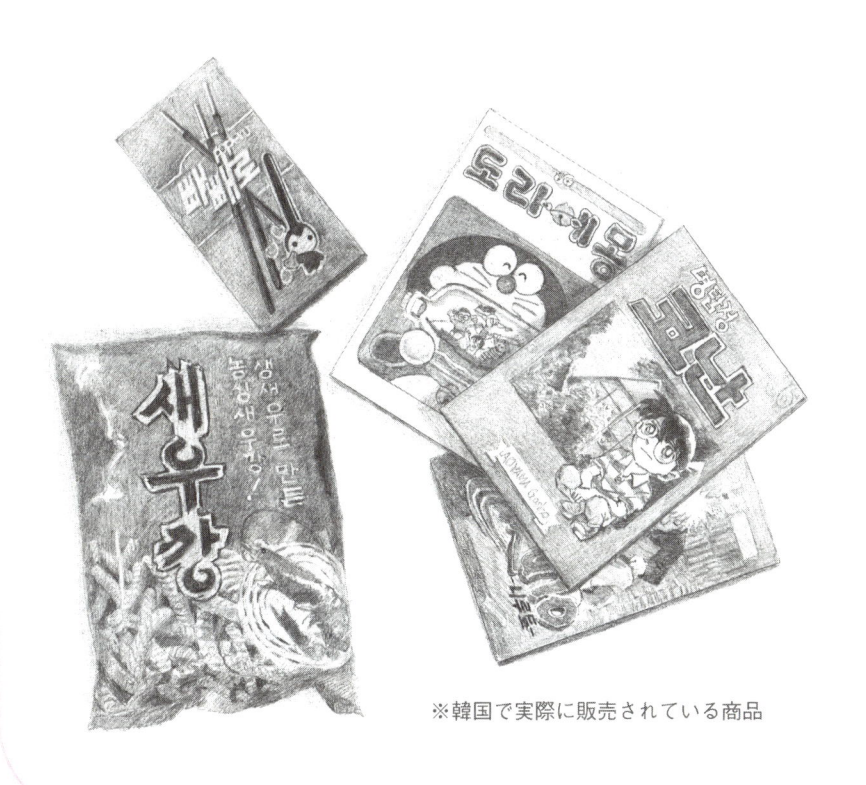

表現

또 만나요. (また会いましょう。)
ット マンナヨ

팬미팅이 즐거웠어요.
ペンミティンイ チュルゴウォッソヨ
(ファンミーティングは楽しかったです。)

ソウル紹介

　ソウル（서울）とは、韓国語で「都」という意味です。全人口の約5分の1にあたる1000万人ほどが住んでいる大韓民国の首都です。また、ソウルを含む首都圏には人口の約半分が住んでおり、一極集中が進んでいることがうかがえます。ソウルの位置は、韓半島（朝鮮半島）の真ん中あたりにあるため、北朝鮮との国境までは最短距離で約30kmしか離れていません。

　ソウルの中心を流れる漢江（한강）を基準に、北側を江北（강북）、南側を江南（강남）と呼んでいます。明洞（명동）をはじめ、ソウルの中心部が位置する江北に比べると、1988年に開催されたソウルオリンピックを機に、近現代的なビルが立ち並ぶようになった江南は、新しいスポットとして注目を集めています。他にもソウルの真ん中には南山（남산）があり、その上にそびえたつソウルタワーはソウル市民の憩いの場としても愛されています。

　さらに、ソウルは、北側にある北漢山（북한산）と南側にある冠岳山（관악산）に囲まれていて、二つの山には連日登山客でにぎわっています。週末ともなれば、ハイキングコースには多くの家族連れが訪れる日帰りコースとしても親しまれています。

　ソウルにはバスや地下鉄などの交通機関が整備されていて、市民の足として利用されています。特に、地下鉄はソウルの全区域をカバーするほど、充実しています。中でも、緑色が目印の地下鉄2号線はソウル市内をぐるりと回る環状線になっていて、ソウル市庁駅をはじめ、東大門市場や江南、新村など、主要駅まで乗り換えなしで移動できま

す。また、2号線の沿線にはソウル大学をはじめ、多くの大学があるため、若者の街として有名な場所にも行きやすいです。最近の人気スポットの一つである弘大入口(홍대입구)の周辺は、若者が集まり、流行の発信基地となっています。
　また、スンデ(순대)の街として有名な新林(신림)やトッポッキで有名な新堂(신당)、ロッテワールドのある蚕室(잠실)、コンサートなどがよく開かれる三成(삼성)、安くてかわいらしいショップが多い梨大(이대)なども通っています。みなさんもソウルに行ったら、2号線の旅を楽しんでみてはどうでしょうか。

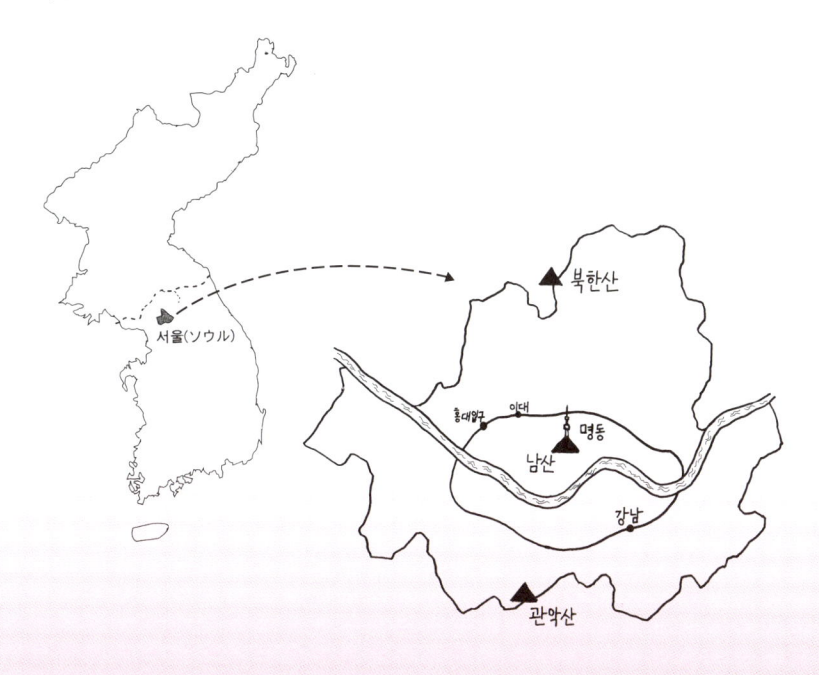

15 路線バスに乗るとき、走らないといけないですか？

　ソウルの街にはたくさんのバスが走っています。路線も多く複雑ですが、慣れてしまえばとても便利に移動することができます。T-moneyと呼ばれるICカードを使うとお釣りの心配もなく便利です。乗るときにピッ、降りるときにもピッとかざすだけで、カードの割引料金で乗れて、乗継割引もしてくれます。

　運転は日本に比べて少々荒っぽいです。車内では運転手の好きな曲やラジオをずっと流しながら運行しています。朝からラジオの人生相談を聞いて出勤することも、しばしばあります。

　バスの停車位置も日本より大雑把です。もちろん決められたバス停はあります。しかし、バスが来ても、バスはだいたいバス停の近くに止まるだけで、日本のようにバス停に寄せて、ピタッと止まることはありません。だから、バスを待っている人は、乗りたいバスを追いかける体勢で待ち構えています。

　バスに乗ると、バス停の案内アナウンスも日本とは違います。日本では「次は○○です」としか言いませんが、韓国では「次は○○です。その次は○○に止まります」と、ご丁寧にさらに次のバス停まで言ってくれます。わずかに聞き取れたバス停の名前が、次の次のバス停の場合がありますので、ご注意を。

キーワード

バス（버스〈ボス〉）　　＊T-money
乗り継ぎ（환승〈ファンスン〉）　　バス停（버스정류장〈ボスジョンニュジャン〉）

> 表現

명동 가요? （明洞に行きますか。）
ミョンドン ガヨ

신촌에서 내려 주세요. （新村で降ろしてください。）
シンチョネソ ネリョ ジュセヨ

16 十字架をよく見かけますが、教会は多いですか？

　日本のキリスト教徒は全国民の1％程度に過ぎないそうですが、韓国では人口の約3分の1がキリスト教徒だと言われています。仏教徒もキリスト教徒と同じ3分の1程度で、残りはその他の宗教または無宗教という構成になっています。

　キリスト教の布教活動は1880年代に韓国の開国と同時に始まり、朝鮮戦争が終わって急激に広まりました。教会は復興の先頭に立って活動し、ミッション系大学を設立するなど教育機関としての活動も積極的に行いました。その結果、教会は戦後復興の役割を担うとともに、教育熱が高い民族性と重なり、次第に韓国社会に浸透していきました。

　ですから、韓国には教会がたくさんあります。夜になると教会の上に赤いネオンの十字架が光っているので、慣れない日本人には少し異様に見えるかもしれません。

　宗教は家族にとっても重要です。家族はみんな同じ宗教であるのが一般的で、個人ごとに宗教が違うということはあまりありません。だから、結婚するときも同じ宗教であることが大前提であり、宗教が違えば、相手が改宗しない限り結婚までの道のりは前途多難ということになるでしょう。

キーワード

十字架（십자가）　　キリスト教（기독교）
教育（교육）　　　　仏教（불교）

表現

교회 다녀요? （教会に通っていますか。）
キョフェ タニョヨ

절에 가요. （お寺に行きます。）
チョレ ガヨ

17 お墓はどんな様式ですか？

　人が亡くなれば、当然葬式をします。日本では遺体をお寺や斎場などに運んでから葬式をしますが、韓国では多くの場合、大学病院のような総合病院の地下に「霊安室」があるので、そこで通夜と葬式を済ませ、遺体をお墓に運びます。お墓に向かう途中、故人が最後の挨拶をするため、自宅や職場付近など故人ゆかりの場所を通ることが多いです。

　韓国と日本で最も異なる点は、韓国では伝統的に土葬が多いということです。日本は、ほぼすべて火葬ですから、火葬場に行き、お骨を拾い、先祖代々その家に伝わる同じお墓に納めます。しかし、韓国では土葬が一般的なので、こんもりとした小さな古墳のようなお墓を作ります。このお墓には他の家族は入らず、夫婦だけが入ることになっています。そのため、先に亡くなった人の隣には、連れ合いを迎えるため、あらかじめもう一人分スペースが空けられています。

　しかし、土葬のお墓を作るには、一人ひとり大きな土地が必要です。田舎に広い土地を持っていればよいですが、最近は都市化も進み、火葬される場合も増えてきました。その場合にはお骨を納骨堂に納めたり、散骨したりします。

キーワード

お墓（묘 ミョ）　　葬式（장례식 チャンネシク）
火葬（화장 ファジャン）　　夫婦（부부 ププ）

表現

눈물이 나요. （涙が出ます。）
ヌンムリ ナヨ

마음이 아파요. （心が痛みます。）
マウミ アパヨ

18 マンションにベランダはないのですか？

　韓国では、多くの人たちがアパートに住んでいます。アパートといっても、日本でいうアパートではなく、むしろ高級マンションに相当するものです。ソウルなど都市部では高層アパートが林立し、一戸建ての住宅はあまり見かけません。

　日本のマンションには窓の外にベランダがついていますね。部屋から屋外に出ることができて、洗濯物を干したり、プランターを置いたりしています。でも、韓国のアパートを見ると、ベランダはなく、一見普通のビルのように見えます。

　理由は2つあると思います。一つは景観の問題です。建物全体の雰囲気を大事にする高級アパートでは、自治会単位で、外から見える窓の近くや窓の外に洗濯物を干さない、と決めているところがあるそうです。アパートの高級感を演出し、資産価値を高めるというイメージ戦略のようです。

　もう一つは、単純に寒いからです。真冬のソウルは一日中氷点下という日も珍しくありません。洗濯物を外に干そうものなら、たちまち凍りつきます。居室と屋外の中間的な場所として、ガラスで囲われたサンルームのような部屋があることが多いです。これなら部屋の一部としても使えるし、防寒にも役立ちそうですね。

キーワード

マンション（아파트 アパトゥ）　　ベランダ（베란다 ベランダ）
一戸建て（개인주택 ケインジュテク）　　建物（건물 コンムル）

表現

아파트에 살아요.

アパトゥエ サラヨ

(アパートに(マンションに)住んでいます。)

작아요. (小さいです。)

チャガヨ

19 トイレットペーパーを流してはいけないのですか？

　韓国のトイレ事情は、基本的には日本と同じです。便器も和式・洋式どちらもありますので、日本人なら違和感なく使用できると思います。

　日本と違う点は、個室に入ったとき、男子便所でも隅にゴミ箱が置いてある場合が多いです。これは使い終わった紙を捨てるためのゴミ箱です。

　昔は、紙質が悪い、水圧が弱いなどの理由で、水洗便所に紙を流してはいけないというルールがありました。水洗便所がすぐに詰まっていたためです。現在では韓国でもトイレットペーパーの紙質がよくなったし、インフラが整備されて、紙を流したら詰まるなんてことはなくなりました。しかし、昔の習慣の名残で、多くのトイレの個室には、今もゴミ箱が残っています。

　駅やサービスエリアの公衆便所などで個室に紙がない場合があります。そんなときには、トイレの入口の壁に大きなトイレットペーパーが置いてあることが多いです。必要なときは、ここから必要分をぐるぐると取ってから個室に入ってください。

　日本と同じように、備え付けのトイレットペーパーを使う限り、そのまま流しても大丈夫です。ご心配なく。

キーワード

ゴミ箱（휴지통 ヒュジトン）　　サービスエリア（휴게소 ヒュゲソ）
公衆便所（공중변소 コンジュンビョンソ）　　トイレットペーパー（화장실휴지 ファジャンシルヒュジ）

表現

화장실이 어디예요? (トイレはどこですか。)
ファジャンシリ オディエヨ

휴지 있어요? (トイレットペーパーはありますか。)
ヒュジ イッソヨ

20 割り勘ではなく、一人で全部支払うのですか？

　食事や飲みに行ったりする場合、韓国では日本のように「割り勘」で支払うという習慣はありません。計算も面倒くさいし、細かなことをいうのは度量が小さいと考えるからです。今までせっかく一緒に飲み食いした仲間なのに、最後にすべてを割ってしまうのは、なにか空しさを感じてしまいます。

　日本では会計のとき、「ご一緒でよろしいでしょうか？」といわれたり、レジの前で一人ずつ財布を出して並んでいるのを見かけます。確かに合理的な考え方ですが、韓国人からすれば、何か奇妙な光景に見えてしまうのです。

　会計の時は、たいてい誰かが一括で支払います。「気分がいいから今日は俺が払うぞ」といった具合です。次の機会に別の人が支払えば、結果的にはいつか均等になるはず、というように、みんな大らかに考えています。

　一般的には、その場に居合わせた年上男性が支払うことが多く、また、もともと韓国人には人をもてなす心が強いので、年下や外国人に対して気をつかってくれることでしょう。もし、あなたが韓国でおもてなしを受けても、それは、別の機会に他の人にお返しすれば、それで良いのですよ。

キーワード

気分（기분） キブン
今日（오늘） オヌル
外国人（외국인） ウェグギン
勘定（계산） ケサン

表現

내가 낼게요. ((会計時に)私が出しますよ。)
ネガ ネルケヨ

따로해 주세요. (別々にしてください。)
ッタロヘ ジュセヨ

21 ご当地のおみやげがありますか？

　日本では、京都なら「八つ橋」とか、広島なら「もみじ饅頭」とか、それぞれの地域におみやげ用のお菓子がありますよね。でも、韓国にはそういう「ご当地のお菓子」というものがほとんどありません。KTX に乗っていても、せいぜいくるみ入りカステラ饅頭のホドゥグァジャ（호두과자）というお菓子を売りに来るくらいで、お菓子文化は日本ほど発達していません。

　あるいは、もともとおみやげを買うという文化が韓国にはないのかもしれません。遠くの友達の家を訪問するときも、手ぶらで訪問するのが失礼と思えば、なにか果物かジュースなどを持って行ったりはしますが、せいぜいその程度です。逆に、訪問してくれたお客を手ぶらで帰すのは失礼という考え方は強く、帰りに何か持たせる場合が多いです。

　「ご当地のお菓子」ではありませんが、韓国には日本とよく似たお菓子がたくさんあります。コンビニやデパートなどで探してみてください。どこかで見たようなお菓子がたくさん見つかると思います。これらを韓国のおみやげにすれば、ハングルで書かれたパッケージとともに楽しんでもらえると思います。特に子どもや学生にはウケがいいようです。

キーワード

お菓子（クァジャ 과자）　　＊ホドゥグァジャ（호두과자）
手ぶら（ピンソン 빈손）　　果物（クァイル 과일）

表現

디자인이 귀여워요. （デザインがかわいいです。）
ティジャイニ キヨウォヨ

똑같아요. （そっくりです。）
ットッカタヨ

22 手軽に作れるおすすめの食べ物は、何ですか？

　韓国の食べ物といってもたくさんあって、個人的に「コレ！」と選びにくいのですが、学生たちに「キムチチゲ（キムチ鍋）」の作り方を教えることがあります。日本でも手軽に材料が手に入り、作り方も難しくないので紹介しています。韓国の庶民の味といえますし、なんといっても学生たちが集まって食べたり飲んだりするのに最適だと思うからです。

　私が学生に教える簡単なキムチチゲの作り方はこうです。まず、キムチを室外に３日間ほど置きます。これはキムチが酸っぱくなるまでしっかり発酵させるためで、季節により適宜調整してください。その次は、鍋に水を入れ、キムチをまるまる１パック入れて煮ます。煮立ったら切り落としの豚肉、切った野菜、大きめに切った豆腐を入れます。最後に、胡椒、ごま油、ごま、コチュジャンなどで味をつければ出来上がりです。さらに、野外などで食べる場合は、豚肉の代わりにウインナーやスパム、ツナ缶などを入れてみるのもいいです。もっと本格的なキムチチゲの作り方はあると思いますが、細かい分量は、あえて載せません。納豆を入れて煮ると、韓国のチョングッチャン（청국장）の味にもなります。みんなで鍋をつつくと、話も盛り上がるでしょう。

キーワード

キムチチゲ（김치찌개）　　豚肉（돼지고기 トェジゴギ）
*コチュジャン（고추장）　　*チョングッチャン（청국장 チョングクチャン）

表現

국물이 뜨거워요. (スープが熱いです。)
クンムリ ットゥゴウォヨ

간단해요. (簡単です。)
カンダネヨ

23　一人で外食することが少ないですか？

　一人でお店に入り食事をするのは、余程のことがない限り、考えられません。日本人の知人から「韓国旅行中、一人ではお店に入りづらい」と言われました。確かに、韓国では一人で食事している人を見ることはほとんどありません。日本では牛丼屋やラーメン屋などでも、一人でも気軽に食べられるようにカウンター席が用意されていますが、韓国ではハンバーガーショップのようなファーストフード店を除き、食堂にはカウンター席がありません。

　韓国では、挨拶代わりに「ご飯食べたの？」と声をかけることが多いです。相手がまだ食べていない場合は、一緒に食事に行くこともよくあることです。みんなでワイワイと鍋をつついたり、焼き肉を食べたりと、そもそも韓国料理は一人での食事には向いていないと思います。お店で一人鍋や一人焼き肉なんてかなり勇気がいります。一人で飲みにも行きませんし、食堂での相席もしません。人付き合いを大事にする韓国では、みんなで食べたり飲んだりすることが、基本中の基本なのかもしれません。

　来日当初は私もそうでしたが、一人で食堂に入れず困ったという韓国人は多いはずです。一人でも平気で飲み食いできるようになったら、日本生活に慣れてきた証拠ともいえるのでしょうね。

キーワード

一人（혼자〈ホンジャ〉）　　お店（가게〈カゲ〉）
ハンバーガー（햄버거〈ヘムボゴ〉）　　あいさつ（인사〈インサ〉）

表現

가위로 잘라 주세요.
カウィロ チャルラ ジュセヨ
((お肉や麺など)ハサミで切ってください。)

건배! (乾杯!)
コンベ

24 真っ黒なチャジャン麺は、おいしいですか？

　韓国で、中華料理の定番中の定番といえば、絶大な人気を誇るチャジャン麺（짜장면）でしょう。チャジャン麺とはチュンジャン（춘장）と呼ばれる黒色の調味料から出来ているあんをかけた麺のことです。一見、あの黒くてドロドロした食べ物が本当においしいのか、と思われるかもしれませんが、食べてみると、意外と甘くて見た目よりはやさしい味がします。

　子どもたちに好きな料理のアンケートを取ると、必ず上位にランクインするほどの人気ぶりで、本来中華料理のはずなのに、韓国人のソウルフードと言っても過言ではありません。普通、家で作って食べる料理ではないので、一昔前までは何か特別な日に、外食として中華料理店で食べるメニューで、特に子どもの日には、中華料理店の前に行列ができるほどの人気でした。

　引越しのときなど、忙しくて手が回らないときには、中華料理店の出前でチャジャン麺を頼みます。他のおかずを必要とせず手軽に食べられるので、忙しいときにはありがたい食べ物なのです。みんなで食べる場合、チャジャン麺と酢豚と焼き（揚げ）餃子を頼むのが定番です。恋人のいない者同士が集まる4月14日のブラックデーにも、チャジャン麺は食べられていますね。

キーワード

中華料理店（중국집）チュングクチプ　　酢豚（탕수육）タンスユク
*餃子（만두）マンドゥ　　恋人（애인）エイン

表現

포장해 주세요. （包んでください。）
ポジャンヘ ジュセヨ

배달 돼요? （出前できますか。）
ペダル ドゥエヨ

25 ひざを立ててご飯を食べるのは、普通ですか？

　ドラマでときどきひざを立てて食事をする人が出てきます。日本では正座をして食べないと「はしたない」と言われそうですが、韓国ではマナー違反ではありません。少し崩した感じの姿勢が、不思議にもおいしそうに見えるときもあります。

　韓国を代表する食べ物の一つにピビンバ（비빔밥）が挙げられると思います。ピビンは混ぜるという意味で、バはご飯のことです。直訳すれば、"混ぜご飯"といったところでしょうか。

　日本では、石焼ピビンバがあまりにも有名ですが、もともと韓国では数種類のナムルを混ぜて食べるのが一般的です。普段は冷蔵庫にある作り置きのおかずや余りものを大きな器に入れて、ごま油とコチュジャンを加えて混ぜれば、それがピビンバに早変わりするのです。それぞれ家庭の味があり、よくかき混ぜて食べるのがおいしく食べるコツです。

　石焼ピビンバは一人ずつの器で食べますが、家庭のピビンバは、大きな器をみんなで一緒に混ぜながら楽しく食べるのです。これぞピビンバという感じです。夜中、小腹が空いたときに、ピビンバが無性に食べたくなることがありますが、兄弟や家族みんなで囲んで食べるピビンバの味は格別なのです。

キーワード

ひざ（무릎 ムルプ）　　＊ピビンバ（비빔밥 ピビムパブ）
＊ナムル（나물 ナムル）　　兄弟（형제 ヒョンジェ）

表現

잘 비벼 드세요.
チャル ピビョ ドゥセヨ
(よくかき混ぜて召し上がってください。)

어떻게 먹어요? (どうやって食べるのですか。)
オットケ モゴヨ

26 器を手で持ち上げて食べるのは、行儀が悪いですか？

　韓国では、食事はスプーン（숟가락）と箸（젓가락）を使って食べます。どちらも金属製なので木製の箸に慣れた日本人には重たく感じられるかもしれません。片手でスプーンと箸をいっしょに持って、手で回しながら器用に食べる人もいます。

　皿やお椀はテーブルにおいたまま、上手にスプーンを使ってスープを飲み、ご飯を食べます。箸はテーブルに並んだキムチやナムルなどのおかずをつまんで取るときにだけ使います。みんなでつついて食べる鍋（チゲ）でさえ、スプーンを直接入れて食べます。

　西洋でもスープはテーブルにおいてスプーンで飲みますよね。韓国でも同じです。日本では、器を口に近づけて食べます。食事のときに箸だけを使うため、器を持っていかないと汁が飲めないからだと思うのですが、実際はどうなのでしょうか？韓国では器を手で持ち上げて食べるのはタブーです。

　ところで、食堂などで緑色の透明なつまようじを見たことはありませんか。一見、プラスチック製に見えますが、実はでん粉を固めて作ってあります。食堂で出た残飯を豚などの飼料にするとき、ノドに刺さってケガをさせないための配慮なのです。韓国はエコロジーに配慮していると思いませんか。

キーワード

食事（식사）　　　お椀（공기）
ご飯（밥）　　　　つまようじ（이쑤시개）

表現

젓가락이 무거워요. (お箸が重いです。)
チョッカラギ ムゴウォヨ

맛있어요. (おいしいです。)
マシッソヨ

27 ご飯を食べてから、お酒を飲むのですか？

　お酒を飲むとき、日本では最初は付き出しだけで飲み始め、飲みながら料理も食べます。そしてしっかり飲んで食べたあと、最後にシメとしてご飯やお茶づけを食べますね。あるいは、鍋だったら最後にご飯をいれて雑炊という場合もあるでしょう。

　しかし、韓国では、まずご飯を食べてから飲みに行く、というのが一般的です。あくまで食べるときはしっかり食べ、体勢を整えて、気合を入れて「さあお酒を飲みにいくぞ!!」という感じでしょうか。実際に韓国人は、飲み始めると本当によく飲みます。というわけで、時間制限の飲み放題のシステムはありません。たぶん商売にならないでしょうね。

　だから、韓国にはシメという感覚はありません。キムチチゲやプデチゲなどには、鍋にインスタントラーメンの麺だけを入れて食べることがありますが、これもシメではなくて、たいてい初めから入れてあります。

　飲んだ翌朝には、酔い覚ましに効くというヘジャンク（해장국）のようなものを食べます。これを食べるとお腹がスッキリするので、二日酔いにも効きます。韓国人は夜にたくさん飲みつつも、こうやって体のことを考えながら毎日を乗り切っています。

キーワード

商売（장사）　チャンサ
麺（면）　ミョン

＊プデチゲ（부대찌개）　プデチゲ
＊ヘジャンク（해장국）　ヘジャンクク

表現

냉면 먹을까요? (冷麺食べましょうか。)
ネンミョン モグルカヨ

이인분 주세요. (二人前ください。)
イインブン ジュセヨ

28 冷蔵庫の中の大きな容器には、何が入っているのですか？

　韓国のドラマで、冷蔵庫の中に大きなプラスチック製の保存容器がたくさん入っているのをよく見かけます。家庭によってさまざまでしょうが、あの中には、作り置きのおかずが入っていることが多いのです。

　韓国の食堂に入ると、頼んでもないのに出てくるそのおかずの多さに驚いたことはありませんか。食事のとき、韓国の食卓にはさまざまなおかずが並びます。でも、毎回毎回作っていては時間がかかってしかたがありません。なので、まとめて作り、冷蔵庫の中で保管して、少しずつ食べているのです。

　その中でも代表的なのがキムチということになるのでしょうか。キムチ一つにもいろいろな種類があるように、韓国の食卓はいろいろなおかずで、とてもにぎやかになるのです。

　冷蔵庫といえば、韓国には「キムチ冷蔵庫」というキムチ専用の冷蔵庫が人気です。キムチは発酵食品ですから発酵が進むと酸っぱくなります。その発酵の進行をコントロールして、自分の好みの味で食べることのできる画期的な冷蔵庫なのですが、これが他の生鮮食料品でも鮮度を保ったまま長期保存できることがわかり、韓国では生活必需品になっています。

キーワード

冷蔵庫（냉장고）ネンジャンゴ　　おかず（반찬）パンチャン

食堂（식당）シクタン　　人気（인기）インキ

表現

김치가 매워요. (キムチが辛いです。)
キムチガ メウォヨ

반찬 더 주세요.
パンチャン ト ジュセヨ
((おかわりの時)おかずもっとください。)

B級グルメ

　韓国に行かれたことのある人はご存知でしょうが、韓国の繁華街にはさまざまな露店が軒を連ねていて、とても手頃な値段で軽食を食べることができます。

　例えば、細長い餅に甘辛いソースを絡めたトッポッキ（떡볶이）や、酢飯でないご飯を海苔で巻いたキムパプ（김밥）、豚の腸にもち米や春雨などを詰めたスンデ（순대）、丸めた小麦粉の中に甘い味付けをした木の実やピーナッツのきざんだものを入れて焼いたホットク（호떡）、蚕のさなぎをゆでて味付けしたポンデギ（번데기）などが挙げられます。

　この中でも、特に韓国の国民的なおやつとして人気があるのは、断然トッポッキです。トッポッキには、お餅とゆで卵をベースにしたオーソドックスなものから、カルボナーラトッポッキやラーメンとトッポッキを組み合わせた「ラポッキ（라볶이）」という変わったものまで、さまざまな種類があります。また、ポンデギは、その見た目から初めて食べる人には勇気がいるかもしれませんが、韓国では子どもや女性に大人気です。

　繁華街に、これらの屋台が多く軒を連ねているということは、韓国人は、たくさんこれらのものを買って食べているということだと思います。実際に明洞の繁華街を歩いてみると、若者を中心に多くの人がいろいろと食べ歩いている姿を見ることができるでしょう。

　ところで、韓国の映画館の前では、スルメを売っていることがあります。映画といえばポップコーンをイメージしやすいですが、韓国で

は映画を見る時にはポップコーンのほかに、スルメも人気がありますよ。

　さらに、韓国でよく飲まれているお酒の種類は、焼酎（소주）とビール（맥주）とマッコリ（막걸리）です。実は、韓国ではこれらのお酒には、それぞれ相性のいいおつまみがあるのです。例えば、焼酎にはサムギョプサル（삼겹살）、ビールには果物の盛り合わせ（과일안주）、マッコリにはパジョン（파전）が良い食べ合わせといえるでしょう。みなさんもぜひ試してみてくださいね。

　組み合わせといえば、飲み会の雰囲気を盛り上げるために、種類の違うお酒を混ぜて作る爆弾酒（폭탄주）というものもあります。ビールが入ったグラスに焼酎やウイスキーやブランデーなどを混ぜて、イッキ飲みをします。ただ、アルコール度数がとても高くなり酔いやすく危険なため、決しておすすめはいたしません。

29 自転車をあまり見かけないのは、なぜですか？

　日本では、日常の足として自転車をよく使いますよね。中国やベトナムなどの映像でも、自転車やバイクが道路いっぱいに走っている場面を見た人も多いことでしょう。アジアの国々では二輪車が便利に使われているようです。

　ところが不思議なことに、韓国では二輪車を見かけることはほとんどありません。自転車やバイクは移動手段としてではなく、仕事で荷物を運ぶために使うものでした。

　最近では、レジャー感覚で自転車やバイクに乗る人が増えていますが、いわゆるママチャリなどに乗る人はいません。自転車の多くは、マウンテンバイクなどのスポーティーなものが主流です。カゴも荷台もありません。サイクリングウェアもバッチリ決めて漢江沿いを颯爽と走るのがカッコいいのです。日本で保育園の送り迎えなどに、子ども二人を前と後ろに乗せて走るママたちを見ると、私にはまるでサーカスのように見えてびっくりします。

　健康増進や環境のため自転車に乗る人が増え、駅に自転車置場も設置され、週末には自転車ごと地下鉄に乗ることもできます。電車に自転車を持ち込めるのはとても便利だと思いますが、日本では、利用者が多すぎて大変なことになるかもしれませんね。

キーワード

自転車（자전거） チャジョンゴ
荷物（짐） チム
便利（편리） ピョルリ
地下鉄（지하철） チハチョル

表現

위험해요. （危ないです。）
ウィホメヨ

기분 좋아요. （気分がいいです。）
キブン チョアヨ

30 赤ちゃんに純金の指輪を贈るのですか？

　韓国人は記念日が大好きです。何かと理由をつけては記念日を作り、お祝いをします。特に「100日」というのは、一つの大事な区切りといえるでしょう。韓国の携帯電話には「100日タイマー」というアプリがあり、100日目を知らせてくれる機能が付いています。それくらい100日にはこだわっています。

　例えば、二人が付き合い始めて100日目にお祝いする、といった具合です。カップルにとってはとても大切な日で、男性が彼女に内緒でサプライズイベントをするのが流行です。ソウルにはそれを専門に請け負うイベント会社もあるくらいです。

　また、子どもが生まれて100日目のお祝いのことを百日祝い（백일잔치_{ペギルチャンチ}）と言い、家族内の大切なイベントの一つです。お店を借り切り、親戚や友人を集めて盛大にお祝いしたりします。この日、赤ちゃんは純金の指輪やネックレスのプレゼントをもらいます。子どもの健康と幸せを祈るだけでなく、いざというときのために換金性の高い保証書付きの純金を贈ることは、生活の知恵から生まれたプレゼントなのです。1997年の通貨危機の際、国家を救おうとして、国民が、持っている純金の指輪を国に寄付して危機を乗り越えたという逸話もあるほどです。

キーワード

指輪（반지 パンジ）　　親戚（친척 チンチョク）
健康（건강 コンガン）　　生活（생활 センファル）

> 表現

아기가 울어요. （赤ちゃんが泣いています。）
アギガ ウロヨ

키가 크네요. （背が高いですね。）
キガ クネヨ

31 おすすめのおみやげは、何ですか？

　韓国旅行に行ったとき、記念に何を買って帰ったらいいだろうか、と迷うことがあるでしょう。

　私がおすすめするのは革靴です。韓国には革靴のブランドや専門店がたくさんあります。「革靴の商品券」もあり、日本のビール券のように、デパートの商品券と並ぶ人気の贈り物となっています。例えば、日本のお盆にあたる秋夕（추석チュソク）の時期になると、新聞に「革靴券」の全面広告が出たり、韓国のトップ女優や時の人をそのCMに起用するほどの力の入れようです。

　他におすすめするのは、「マート」に行ってみることです。最近は郊外に、安く大量に買い物ができるマートと呼ばれるショッピングセンターがあり、そこでは食料品から衣服、家電製品にいたるまで、手軽にさまざまな日用品を買うことができます。ソウル駅のそばにあるマートでは、外国人観光客も多く訪れるため、国際小包の受付カウンターもあるほどです。

　ところで、韓国で買い物をしたときにもらう領収書を空港で提示すると、日本の消費税に相当する税金がもどってくる制度をご存知でしょうか。賢く、上手に買い物をして、ぜひ皆さんのお気に入りの韓国製品、探してみてください。

キーワード

革靴（구두クドゥ）　　　商品券（상품권サンプムクォン）

＊デパート（백화점ペクァジョム）　　観光（관광クァングァン）

表現

좀 커요. (ちょっと大きいです。)
チョム コヨ

250 주세요. (25センチください。)
イベゴシプ ジュセヨ

*靴のサイズはmmを使う。

32 スイカを手みやげに持って行くのですか？

　日本では、よその家を訪問するとき、手ぶらで行くわけにはいかないので、菓子折などを持参することが多いと思います。韓国ではこういう場合、手みやげの定番として挙げられるのがジュースセットです。街角のコンビニやスーパー（슈퍼）などでは、よく箱入りのジュースセットが置かれています。

　他に重宝される手みやげに果物があります。韓国人は食後のデザートにはもちろん、フルーツの盛り合わせをお酒のつまみとして食べるほど果物が大好きなのです。例えば、夏になると、スイカを丸ごと一個、あるいはマクワ瓜などの果物を訪問先に持参することもあります。そうすれば、食事をいただいた後、そのスイカをデザートとして切ってもらい、「〇〇さんにいただいたスイカは、おいしいですね。」などと話がはずむわけです。

　さらに、花束を持っていくこともあります。日本ではあまり見かけませんが、韓国ではよく花束を持っていきます。訪問するときだけではなく、誕生日などにも花束を贈ります。私も「今日は〇〇さんの誕生日だよ」と聞けば、花束を持っていかないと、とまっ先に頭に浮かぶほどです。みなさんも大事な人の誕生日に、花束を持って訪問してみてはいかがでしょうか。

キーワード

スイカ（수박 スバク）　　訪問（방문 バンムン）
＊マクワ瓜（참외 チャメ）　デザート（디저트 ティジョトゥ）

表現

안녕하세요? (こんにちは。)
アンニョンハセヨ

실례합니다. (失礼します。)
シルレハムニダ

33 寿司とラーメンは、同じ店で売っているのですか？

　日本で韓国料理店や中国料理店をよく見かけるように、韓国でも日本料理を食べることは難しいことではありません。みなさんもソウルに行けば「日式」と書かれた日本料理店をたくさん見かけると思います。

　韓国で人気の日本料理は、寿司、とんかつ、ラーメンといったところでしょうか。韓国にもフェ（회）という刺身はあるのですが、一般的に赤身の刺身は食べません。でも寿司なら、韓国人でもマグロの刺身を口にします。ちなみに、辛いものが得意な韓国人でも、寿司のワサビは苦手な人が多いです。私たちがよく口にするトウガラシの辛さと、ワサビの辛さは種類が違うと感じるのです。少し意外でしょう。

　ところで、おもしろいことに韓国では「寿司、ラーメン、とんかつ」がひとくくりで日本料理とされています。もちろん、それぞれの専門店もありますが、「日本料理店」という看板を出して、寿司とラーメンととんかつをすべて提供する、といったお店も多いのです。日本人には奇異な感じがするでしょうが、日本でも韓国料理店に、焼肉からパジョン、焼酎からマッコリまでなんでも置いてあるのと同じような感覚でしょうね。

キーワード

日本料理店（일식집〈イルシクチプ〉）　　＊刺身（회〈フェ〉）
＊パジョン（파전〈パジョン〉）　　＊マッコリ（막걸리〈マクコルリ〉）

表現

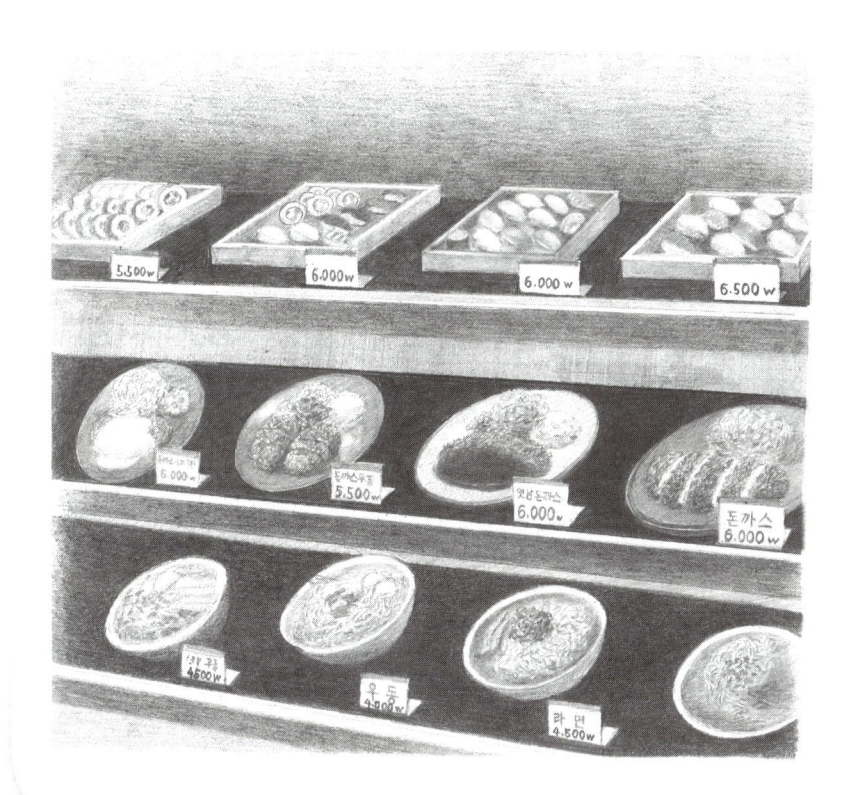

회 좋아해요. （刺身が好きです。）
フェ チョアヘヨ

한국말로 뭐라고 해요?
ハングンマルロ モラゴ ヘヨ
（韓国語で何と言いますか?）

34 タクシーを呼ぶとき、手を上下に振るのですか？

　タクシーは旅行者にとって便利な交通手段ですが、韓国のタクシーは日本に比べ、客を乗せていても平気でスピード超過や追い越しをします。でも、運転手はとても気さくで、車内で話が盛り上がることがよくあります。ゴシップな話題はもちろんですが、最近の政治情勢なども話題に上ります。ただし、お互い反対の政党を支持していたりすると、車内には気まずい空気が流れることもあります。

　タクシーは2種類あって、普通のタクシーと、料金は高めですが模範タクシーと呼ばれるタクシーがあります。最近は電話を使った通訳システムを備えたタクシーもあり、困ったときには利用すると便利でしょう。

　ちなみに、タクシーを捕まえるときは、日本のように腕をまっすぐ上にあげる人は少なく、手を横に伸ばして軽く上下に振るスタイルの人が多いです。あと、韓国のタクシーは自動ドアではないため、ドアの前で待っていてもドアは開きません。

　降りるときも自分の手で開けないと、降りられません。また、降りるときには間違っても日本の感覚で左から降りないようにしてください。車道に降りることになり、大変危険です。

キーワード

一般タクシー（일반택시）　＊模範タクシー（모범택시）
イルバンテクシ　　　　　　　　　　モボムテクシ

通訳（통역）　　　　自動ドア（자동문）
トンヨク　　　　　　　チャドンムン

表現

택시로 가요. （タクシーで行きましょう。）
テクシロ ガヨ

택시 부탁해요. （タクシーお願いします。）
テクシ プタケヨ

35 シュポ（super）とマートは、どう違いますか？

　パックツアーで韓国を訪問すると、決まっておみやげ屋さんやデパート、免税店が組み込まれているので、そういうお店に行く場合が多いでしょう。でも、機会があれば、ぜひ普通の韓国人が使うようなお店にも行ってみてください。韓国人の生活の様子がわかって、楽しいと思います。

　お店は、大きく分けて3つの形態があります。一つ目はマート。アメリカのスーパーマーケットのように大量に買うときに便利で、食料品から衣料、家電製品までなんでもそろう便利な店です。次はシュポ。本来"super market"の略ですが、韓国では街角にある普通の雑貨屋さんを指します。食料品から雑貨まで扱ってはいますが、とても庶民的です。昔ながらの商店といった感じで、日本人には懐かしい感じがするでしょう。最後はコンビニ。基本的には日本と同じですが、お弁当の種類が少し物足りないかもしれません。多くの店舗では店先にテーブルがあって、コンビニで買ったものをその場で食べたり飲んだりできます。

　夏には、コンビニでお酒を買って、そのまま店の前のテーブルで飲んで盛り上がっている人たちをよく見かけます。日本でもそんなことができたら、楽しいかもしれませんね。

キーワード

シュポ（슈퍼）　　＊マート（마트）
免税店（면세점）　　お弁当（도시락）

表現

편의점이 어디 있어요?
ピョニジョミ オディ イッソヨ
(コンビニはどこにありますか。)

깎아 주세요. (まけてください。)
ッカッカ ジュセヨ

36 道でよく人に声をかけられます。それは普通ですか？

　韓国の街を歩いていると、確かによく声をかけられます。日本では、道に迷ったら交番でお巡りさんに道を尋ねますよね。韓国には、日本に比べて交番の数が少ないように思います。

　では、まずその辺を歩いている人に道を尋ねてみましょう。日本では見ず知らずの人に声をかけることはあまりないかもしれませんが、韓国人は、たとえ大都会ソウルの真ん中でも、人に声をかけることは不自然なことではありません。

　道に迷わなくても、不慣れな場所に行って少し歩く方向が心配になると、すぐに人に道を尋ねます。すると、みんな普通にそれに答えてくれます。もし、相手が外国人だとわかれば、必要な場所まで一緒に案内してくれる人も多くいます。それくらい韓国人は、尋ねられるとほおっておけない人たちが多いのです。

　逆に、あなたが普通に道を歩いていたら、向こうから歩いてくる韓国人に道を尋ねられるかもしれませんよ。そういうときは「私は日本人です」と言って、あなたが旅行者であることを教えてあげましょう。韓国では、高校から第2外国語を勉強するため、日本語学習者は多く、もしかすると日本語のできる人に会えるかもしれませんね。

キーワード

普通（보통）ポトン　　交番（파출소）パチュルソ
場所（장소）チャンソ　　旅行（여행）ヨヘン

表現

역까지 어떻게 가요?
ヨッカジ オットケ ガヨ
(駅までどうやって行きますか。)

일본사람이에요. (日本人です。)
イルボンサラミエヨ

37 ソウルでは日が長いと感じますが、勘違いですか？

　韓国と日本は、同じ「グリニッジ標準時（GMT）+9時間」を標準時に採用しており、時差はありません。この時間を採用しているのは日本と韓国の他には、ロシアのシベリア地方とパラオなど太平洋の小さな島々だけです。

　日本では日本標準時（JST）と言いますが、韓国では韓国標準時（KST）と言います。地球上では標準時は経度15度ごとに決められていて、KST（=JST）は日本の兵庫県を通る東経135度を基準にしています。一方、隣の標準時「GMT+8時間」は、中国や台湾など中華系の国で採用され、東経120度が基準です。

　韓国は東経125度～130度付近にあるため、日本時間と中国時間の中間という地理的関係にあります。それでは、韓国は「GMT+8.5時間」にしよう、という意見もありますが、30分の時差になると外国との連絡に支障をきたすという理由で不採用になっているようです。

　ちなみに、東京は東経140度、ソウルは東経127度にあり、その差は13度です。例えば、2013年1月1日の日の出時刻がそれぞれ6時51分と7時47分で、確かにソウルは東京に比べて約1時間遅いわけですから、日が長いと感じられるのかもしれませんね。

キーワード

時間（시간）シガン　　時差（시차）シチャ
経度（경도）キョンド　　中国（중국）チュングク

表現

몇 시예요? （何時ですか。）
ミョッ シエヨ

오후 한 시에 만나요. （午後1時に会いましょう。）
オフ ハンシエ マンナヨ

38 両替はどこでするのがお得ですか？

　日本円から韓国ウォンへの両替は、主に、日本の銀行、韓国のホテル、韓国の空港（銀行の空港支店）、韓国の銀行（市中銀行）などでできます。一般的に、後者ほどレートがいいように思います。日本国内ではUSドル経由の両替のため両替には不利なようです。

　韓国国内では日本円の流通が多く、どこの両替所でも必ず両替は可能です。たくさん両替が必要な場合は、空港での両替は少額にして、市内で両替するのがおすすめです。私営の両替所には、驚くほどレートがいい所もありますが、違法なところもあると聞いていますので、銀行での両替が安心だと思います。

　ちなみに、韓国の銀行の支店には一般窓口とVIP窓口があります。VIP窓口はカウンターの横を抜けて奥にあり、各ブースに分かれてベテラン職員が応対してくれます。待合室にはソファーや飲み物があり、またお得意様には有利な金利やレートで対応してくれることもあります。情に厚い韓国ならではのサービスといったところでしょうか。また、韓国の銀行は日本と比べて金利が高いので、口座を開設しておくと、両替の手間も省け、利息もつくので、一石二鳥ですよ。

キーワード

*ウォン（원 ウォン）　　ホテル（호텔 ホテル）
空港（공항 コンハン）　　為替レート（환율 ファンニュル）

表現

환전해 주세요. （両替してください。）
ファンジョネ ジュセヨ

은행에 가고 싶어요. （銀行に行きたいです。）
ウネンエ カゴ シポヨ

39 住民登録番号って何ですか？

　大韓民国の国民は、すべての人が「住民登録番号」という個人識別番号を持っています。子どもが生まれ、役所に出生届を提出すると、戸籍が作られるとともに、住民登録番号が付与されます。これは一生使われる背番号のようなものです。番号は13桁からなっていて、生年月日と性別、出生届を出した役所の固有番号、届け順の一連番号などで表されています。

　この住民登録番号は、生活のさまざまな場面で使用されます。役所での手続きも、あらかじめ住所、氏名、生年月日などが登録されているわけですから、住民登録番号さえ言えば、とてもスムーズに行われます。

　また、インターネットサイトでの会員登録にも住民登録番号が必要になります。実質的に実名登録制となるので、安心して使用することができます。

　すべての国民は18歳になると、住民登録番号が入った住民登録証というIDカードをもらいます。IDカードをもらったときは、なんだか大人の仲間入りをしたような気分になりました。

　ちなみに、この制度は大韓民国の国民を識別するために、1968年から始まった制度なのです。

キーワード

大韓民国（대한민국）テハンミングク　　インターネット（인터넷）イントネッ
会員（회원）フェウォン　　住民登録証（주민등록증）チュミンドゥンノクチュン

表現

생일이 언제예요? (誕生日はいつですか。)
センイリ オンジェエヨ

일본에 살아요. (日本に住んでいます。)
イルボネ サラヨ

40 女性は整形について、どう考えているのですか？

　韓国で電車に乗っていると、美容外科の広告をよく見かけます。最近は、男性向け美容整形の広告なども見られるようです。それくらい日本に比べ施術する病院が多いのでしょう。

　美容整形は、保険もきかず高額にもかかわらず、ホクロを取る、二重まぶたにする、鼻を高くする、など簡単なものは、女性だけではなく男性でもするほど、特別なことではありません。逆に、日本人には美容整形した事実を隠そうとする傾向があるようですが、なぜそんなに美容整形に抵抗があるのか、不思議に思っています。私は、注射一本打たれることさえ苦手なので、整形手術を受けたいとは思いませんが、かといってそんなに悪いこととも思いません。

　もちろん、美容整形にたよるだけではなく、韓国人は日頃のお手入れもかかしません。美容のための皮膚管理病院やエステにもよく行きますし、キュウリパックなど、昔から行われている大衆的な美容の習慣も数多くあります。夏に、日本では健康的に日焼け顔になった子どもたちをよく見かけますが、美容にこだわる韓国では、日差しの強い日には外で遊ばせないなど、子どものときから気をつけているのですよ。

キーワード

整形 (성형) ソンヒョン　　病院 (병원) ビョンウォン
皮膚 (피부) ピブ　　顔 (얼굴) オルグル

表現

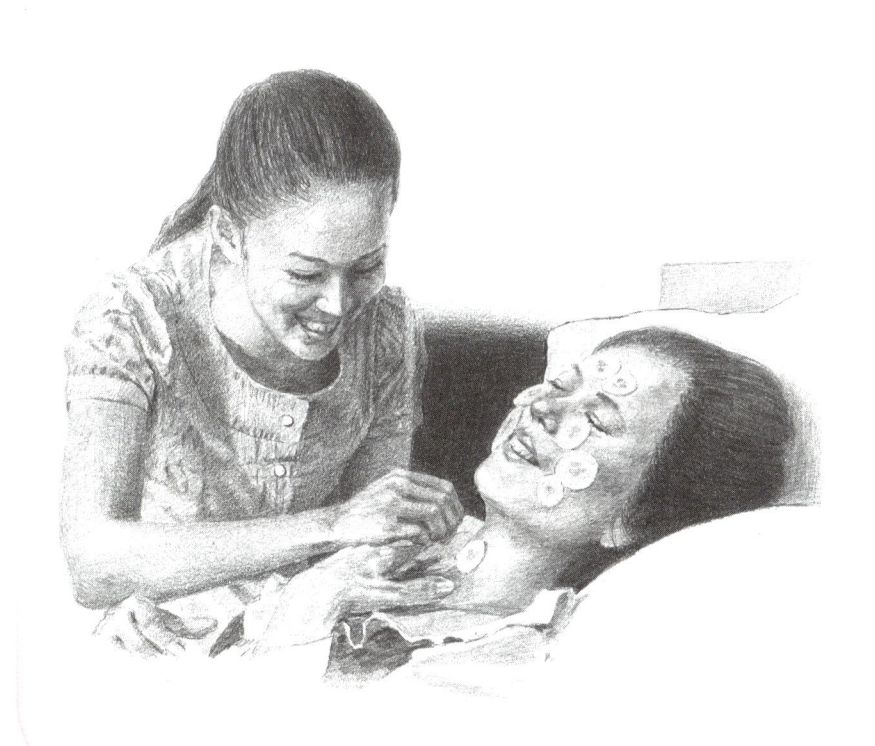

맛사지 받고 싶어요. （マッサージを受けたいです。）
マッサジ パッコ シポヨ

어떤 팩이 좋아요? （どんなパックがいいですか。）
オットン ペギ チョアヨ

41 高校生は、夜10時まで学校で勉強するのですか？

　とにかく韓国の高校生は忙しいです。朝登校すると、まず0時間目と呼ばれる勉強時間があります。それは正規の1時間目の前に、入試に向けた主要科目を勉強する朝の補習時間です。

　その後、日本と同じように授業を行い、さらに午後の補習が始まります。夕食をとった後、引き続き教室に残り、自習をします。学校を出られるのは、夜の9時か10時くらいになります。下校後、今度は塾に通う生徒も多いです。そして、日付が変わるころに塾が終わり、送迎バスで帰宅するのです。ですから、日本のように高校でのクラブ活動は物理的に不可能です。

　韓国の大学受験は「受験戦争」と言われるほどなので、日本人から見れば、韓国の高校生の一日は異常とも思えるでしょう。日本のセンター試験にあたる「大学修学能力試験」受験当日は、まさに国を挙げての一大行事、社会全体で受験生を応援します。企業は受験生のために始業時間を遅らせ、また、受験会場に遅れそうな受験生を警察がパトカーで送り届けることもあります。お母さんたちは教会やお寺でお祈りをしたり、滑らずに大学に合格するように大学の門に飴をくっ付けて、寒い外でずっと祈り続けています。どこの国でも子を思う親の願いは一緒ですね。

キーワード

高校生（고등학생） コドゥンハクセン　＊大学修学能力試験（대학수학능력시험） テハクスハンヌンニョクシホム
合格（합격） ハプキョク　飴（엿） ヨッ

表現

공부가 힘들어요. （勉強が大変です。）
コンブガ ヒムドゥロヨ

쉬고 싶어요. （休みたいです。）
シュィゴ シポヨ

42 大学図書館は、24時間開いているのですか？

　韓国の大学図書館はとても充実しています。朝早くから夜遅くまで開いていることは当たり前で、特に試験期間中は24時間開いているところも少なくありません。そんな学生のために、学内の売店も24時間営業しているところも多いです。韓国の大学生の方が、日本の大学生よりよく勉強していると思います。

　ところで、授業時間は日本が90分であるのに対して、韓国の大学は一般に1コマ50分と短いです。また、一斉にお昼休みを取るという考え方がないため、日本の大学のように時間割上に昼休みが設けられていません。昼食は各自空き時間に食べるといった具合です。このように、韓国的時間割にすれば、学生食堂の混雑も緩和されるので、日本の大学もそういうシステムにしたらいいのにと、ときどき思います。

　韓国の大学食堂では、先生と学生が一緒に食事をするという光景はあまりありません。先生には「教授食堂」という専用の食堂が別に用意されているからです。先生にとっては、韓国のほうが昼休みの喧騒に巻き込まれなくてありがたいですね。

　大学は国の最高学府ですから、24時間明かりが消えない大学図書館であってほしいと、大学教員として、そう思っています。

キーワード

大学（대학）テハク　　図書館（도서관）トソグァン
売店（매점）メジョム　　時間割（시간표）シガンピョ

表現

좀 피곤해요. （ちょっと疲れています。）
チョム ピゴネヨ

가르쳐 주세요. （教えてください。）
カルチョ ジュセヨ

小学生から海外留学

　子どもたちは学校の他にもいろいろな習い事や塾に通っているため、教育にとてもお金がかかります。また、学校の勉強だけでなく体操や芸術系の勉強にも力を入れています。さらに、小さな時から海外留学をさせる家庭も多いです。早期英語教育のために、小学生のうちから語学留学をさせます。最近では子どもの早期留学のため、お母さんと子どもは海外へ、お父さんは一人韓国に残り仕送りだけする、というキロギアッパ（기러기아빠）が社会問題にもなっています。

　大学生になれば、海外の大学に留学する学生も多くいます。例えば、アメリカにいる留学生数は、国別に見ると、韓国は中国とインドに次いで第3位と言われています。しかも、その差はそれほど多くありません。中国やインドとの人口比率から考えると、いかに留学生の数が多いかお分かりでしょう。海外に留学させるために、自分の家を売って、留学費用を捻出することも珍しくありません。とにかく収入の多くを子どもの教育に充てています。

　主な留学先は、アメリカだけでなく、カナダやオーストラリアやニュージーランドといった英語圏の国々ですが、最近は近場のフィリピンやマレーシアなどにもよく行きます。

　韓国の大学生は、就職時の採用評価基準となるスペック（스펙）に非常にこだわっています。スペックとは、もともとは電化製品や機械などの仕様を意味しますが、学歴や成績、海外研修、TOEICスコア、資格取得、インターン経験などの必要不可欠な就業条件のことです。要するに、大学在学中の自分の活動や努力の総体がスペックなのです。

そのため、4年間で卒業する学生は少なく、ほとんどの学生は6年も7年も大学に在学し、自分のスペックを上げようとがんばります。
　ところが、今の韓国では、そうまでしてがんばって大学に行っても、企業への就職率はとても悪いのです。その原因としてみんなが一流企業を目指していることも一つの要因です。少しでも待遇の良い会社を好むのは当然なことですが、韓国では、企業規模による給与格差は大きく、この傾向は収まりそうにありません。
　在学中の留学経験と就職難に加え、兵役の影響もあって、韓国の新卒採用者の中には30歳を超えている人が多いのも事実です。

43 男性がよく花を贈りますが、ドラマだからですか？

　ドラマで韓流男優が花束を抱え、彼女の家を訪問して驚かせる、という場面がよく出てきます。日本ではそのような習慣がないが、韓国では日常生活の中でよくあるのかと聞かれます。実際、韓国では本当によくある光景なのです。

　男性が相手を喜ばせるため、花束を持って会いに行くのは、ごく普通のことです。特に、大学生の場合、友達の誕生日などのお祝い、愛の告白などに花束を贈ることが多いです。そのため、大学のキャンパスで花束を持って歩く人をよく見かけますし、駅や学生街には必ず花屋があります。

　でも、日本人男性にはなかなかできないことだそうですね。韓国では、女性もそういう記念日にサプライズを期待して待っているようです。日本女性のみなさんも、実はそうなのではないでしょうか。花をもらって嫌な人はいませんよね。

　ところで、韓国人にとって「初雪」は、記念日以上に特別な意味があります。初雪が降ると、恋人や家族など大切な人に会いたくなりませんか。白い雪に赤い花束って、とてもロマンチックでしょう。今年の冬は、あなたも花束を抱えて、大事なあの人に会いに行ってみてはいかがですか？

キーワード

花束（꽃다발）ッコッタバル　　記念日（기념일）キニョミル
＊初雪（첫눈）チョンヌン　　告白（고백）コベク

表現

낭만적이네요. （ロマンチックですね。）
ナンマンジョギネヨ

너무 기뻐요. （とてもうれしいです。）
ノム キッポヨ

44 学生たちに人気のある遊びは何ですか？

　学生同士が集まれば、飲み会やカラオケなどで遊ぶのは、日本も韓国も同じです。そんな学生たちの遊びの中で、日本と異なるものとして「ビリヤード」が挙げられると思います。

　日本では学生街であまりビリヤード場を見かけませんが、韓国では若者が集まる街には必ずいくつかのビリヤード場があって、多くの学生が楽しんでいます。ビリヤード場の目印は、お店の窓に大きく赤と青の丸い玉模様で○●○●と示されています。ちなみに、日本でいうコメ印（※）を、韓国ではビリヤードマークと呼んでいます。また、ビリヤードの遊び方も違います。日本では、たいてい四隅とまん中２か所の穴にボールを入れる、いわゆる"ポケットボール"を楽しみますが、韓国では穴のない台で、４つの玉で遊ぶ「４つ玉（四球〈サグ〉）」が多いのです。

　他に、スポーツ観戦は韓国の学生も大好きで、日本と同様、日々の話題にも「プロ野球」や「プロサッカー」の話がよく出てきます。ただ、日本と異なるのは、冬には「プロバスケット」が人気だという点です。バスケットは、韓国のみならずアメリカのNBAなど、世界的に人気のあるスポーツですが、なぜか日本ではあまりバスケットの話しをする学生はいませんね。

キーワード

カラオケ（노래방〈ノレバン〉）　　＊ビリヤード場（당구장〈タングジャン〉）
サッカー（축구〈チュックク〉）　　バスケット（농구〈ノング〉）

表現

어디 갈까요? (どこへ行きましょうか。)
オディ ガルカヨ

야구를 좋아해요. (野球が好きです。)
ヤグルル チョアヘヨ

45 なぜドラマにお金持ちが多く出てくるのですか？

　確かに、韓国ドラマにはとんでもないお金持ちがたくさん出てきます。上品な洋服を身にまとい、運転手付きの高級車に乗り、プライベートでは外国製の高級スポーツカーを乗り回し、夜はこれまた高級なバーで飲み、見たことのないような豪邸へ帰って行く、というような何ともゴージャスな役を演じていたりします。私のまわりには、いわゆる財閥と呼ばれる会社の会長や社長のようなお金持ちはいないので、なんだか現実離れした役の設定としか思えませんが、韓国ドラマには欠かせない華やかな存在であることは間違いありません。

　一方、お金持ちの相手役には、だいたい真逆の庶民を登場させ、お金持ちをさらに際立たせています。私はドラマ作家でも演出家でもありませんが、こんな極端な設定の方が、よりドラマチックなのでしょうね。置かれた身分や立場とは関係なく繰り広げられる人間の愛情や憎しみ、しがらみなどを見ていると、人はみんな一緒なのだと思うのは、私だけでしょうか。

　一握りのお金持ちの生活ぶりを見て、また同じ設定かと思うより、お金持ちはドラマの華として見る方が、楽しめるのかもしれませんね。

キーワード

豪邸（부잣집）　プジャッチプ
社長（사장님）　サジャンニム
*財閥（재벌）　チェボル
高級（고급）　コグプ

表現

드라마가 재미있어요. （ドラマがおもしろいです。）
トゥラマガ チェミイッソヨ

부자되세요.
プジャデセヨ
((挨拶代りに)お金持ちになってください。)

46 上下関係は厳しいですか？

　マナーと言ってもいろいろあり、紹介するのは難しいですが、強いて言えば、韓国では年齢の上下関係に対するマナーやルールが多く、日本に比べて厳しいといえるでしょう。

　身近なもので例えると、タバコを吸う場合も、目上の人の前では絶対にダメです。ましてや自分の親の前でタバコなんてとんでもありません。もしもタバコを吸っているときに目上の人が現れたら、すぐタバコの火を消すか、後ろに隠さないといけません。

　電車では、若い人が目上の人に対し、率先して席を譲ります。もちろん優先席もありますが、若い人が目上の人にいろいろ気をつかう場面が多いのです。その分、目上の人にも、それなりの振る舞いが求められます。韓国語には「나이 값하다（ナイ カッパダ）（歳相応の分別がある）」とか、「나이 값도 못 하다（ナイ カプット モッ タダ）（いい年をして……）」という言葉がありますが、もしも、明らかにその人のほうが年齢が上なのに、それなりの振る舞いができなければ、その人は周囲から必要以上に見下される結果となってしまいます。文字にした明確なルールがあるわけではないのですが、韓国社会ではこれら上下関係に対する振る舞いが、社会の中で暗黙の了解事項として認識されています。

キーワード

マナー（매너 メノ）　　　　年齢（연령 ヨルリョン）
タバコ（담배 タムベ）　　　＊優先席（노약자석 ノヤクチャソク）

表現

감사합니다. （ありがとうございます。）
カムサハムニダ

몇 살이에요? （何歳ですか。）
ミョッ サリエヨ

47 親や身内にも敬語を使うのですか？

　韓国でも日本と同じように敬語をよく使います。そういう意味では日本語と韓国語はよく似ています。

　しかし、身内にも敬語を使うところが日本とは違います。会社でも「うちの社長様は現在外出中でございます」と電話口でこたえますし、「うちのお母様は料理がとてもお上手です」と両親にさえ"様"をつけて、他人に紹介したりします。

　韓国人は年齢の上下関係をとても気にします。「私は」というときも、目上の人には저（チョ）、年下には나（ナ）と使い分けます。そのため、韓国では相手が女性であろうが、とにかく年齢をよく尋ねます。年齢を尋ねることは決して失礼なことではなく、むしろ言葉遣いに失礼がないようにという韓国人ならではの気遣いなのです。

　ところで、名前を「金（キム）さん」などと姓で呼ぶと、複数の人がこちらを向いてしまいます。なので、下の名前も含めて呼ぶことが多いのですが、親しい目上の人をフルネームで呼ぶのは、少しよそよそしく感じるため、一般的に女性なら「오빠（オッパ）（お兄さん）」・「언니（オンニ）（お姉さん）」、男性なら「형（ヒョン）（お兄さん）」・「누나（ヌナ）（お姉さん）」などと、まるで家族のように親しみをこめて相手を呼ぶことが多いです。

キーワード

敬語（경어（キョンオ））　　日本語（일본어（イルボノ））
韓国語（한국어（ハングゴ））　　お母さん（어머니（オモニ））

나　　　　　저

表現

언니 이거 하나요.
オンニ イゴ ハナヨ
（お姉さん、これひとつ（ください）。）

너무 좋아요. （すごくいいです。）
ノム チョアヨ

48 どうして横を向いて お酒を飲むのですか？

　韓国人はお酒が大好きです。だから、お酒を飲むときのルールや作法、飲み方はたくさんあります。

　まず、上下関係を重んじる韓国人のこと、目上の人にはビールなどの酒びんに両手を添えてお酌します。ついでもらうときもコップを両手で持って受けます。ここまでは日本でも見られる光景です。しかし、韓国では目上の人をまっすぐ見ながら飲み干してはいけません。必ず顔を横にそむけて、隠すようにして飲みます。

　大勢でテーブルを囲んで飲むとき、ウェーブ（파도타기）といって、みんなでグラスにお酒を用意して、隣の人が飲み干したらすぐ次の人が順番にイッキ飲みをする飲みかたがあります。また、LOVE SHOT（러브샷）といってお互い対面で腕を絡めて飲む方法もあります。ゲームをして負けたら、他のテーブルに行って食べ物をもらってくるような罰ゲームもあります。他のお客さんも心得たもので、そんな無理難題にも気軽に対応してくれます。

　韓国はとても寒いのに、実は熱燗を飲む習慣はありません。焼酎のお湯割りもないのです。そもそも韓国では焼酎を薄めて飲まないので、女性でも焼酎用の小さなグラスでイッキ飲みします。でも、お酒はほどほどにしましょうね。

キーワード

お酒（술 スル）　　　*ビール（맥주 メクチュ）
イッキ飲み（원샷 ウォンシャッ）　　*焼酎（소주 ソジュ）

表現

한잔해요. (一杯飲みましょう。)
ハンジャネヨ

술 못 마셔요. (お酒は飲めません。)
スル モン マショヨ

49 女性同士で腕を組んで歩くのは、普通ですか？

　人付合いの中で、韓国人と日本人で一番違うと思うところは、人と人との距離感だと思います。

　日本では「親しき仲にも礼儀あり」と言われますが、韓国ではそんな考え方より、もっと近づこうと努力するのです。親しくなったら、お互いの距離感がとてもとても近くなります。

　例えば、日本では、どんな親しい友人の家に行っても「おトイレお借りします」などと、一言断ってトイレに行きますね。どこにトイレがあるのか知っているのに、わざわざ断りの声をかけていくのは、私には奇異な感じがします。

　韓国の街を歩けば、カップルではないのに手をつないで歩いている人をよく見かけると思います。女の子同士はもちろん、たとえ男同士でも、スキンシップが多いのです。

　韓国のホテルは日本のようなシングルルームがほとんどなく、ツインかダブルルームです。男同士夜遅くまで飲み明かして、起きてみると同じ部屋に何人か並んで寝ていることも、不思議なことではありません。

　親しくなったら、お互いの境界がなくなるほど、とことん親しくなります。韓国人は、そんな人懐っこい人たちなんですよ。

キーワード

距離感（거리감／コリガム）　　礼儀（예의／イェイ）
カップル（커플／コプル）　　部屋（방／パン）

表現

고마워요. (ありがとうございます。)
コマウォヨ

미안해요. (ごめんなさい。)
ミアネヨ

50 毎年誕生日が変わるのは、どうしてですか？

　韓国では、今でも陰暦（旧暦・太陰暦）を用いる場面が多くあります。昔の日本でもそうだったと聞きましたが、韓国では現代でも陰暦は健在です。日本のお正月にあたるソルナル（설날）やお盆にあたる秋夕（추석）などは陰暦で祝うため、陽暦（新暦・太陽暦）では、祝日も毎年違う日になります。

　誕生日も陰暦をよく使いますが、若い人は太陽暦で誕生日を表す人が増えたため、少しややこしくなっています。役所や学校で、各種書類に生年月日を記入するときには、陰暦か陽暦かを記入する欄があります。記念日や命日など、家族でのお祝い事や特別な日も、家によって陰暦で表わすか陽暦で表わすかで異なるため、注意が必要です。

　ちなみに、年齢についても、韓国では今でも「数え年」で年齢をいうことが一般的です。しかし、書類の年齢の欄には、必ず満年齢を記入することになっています。数え年とは、例えば、12月31日に生まれた赤ちゃんの場合、生まれた時点で1歳と見なします。さらに、翌日の1月1日にはもう2歳になります。なぜなら、1月1日の元日を迎えるごとに1歳加えるからです。ちょっと不思議ですよね。

キーワード

誕生日（생일）センイル　　陰暦（음력）ウムニョク
陽暦（양력）ヤンニョク　　歳（나이）ナイ

> **表現**
>
> 생일 축하해요. （誕生日おめでとうございます。）
> センイル チュカヘヨ
>
> 새해 복 많이 받으세요.
> セヘ ボン マニ パドゥセヨ
> （明けましておめでとうございます。良い年をお迎えください。）

51 金・李・朴さんが多いですが、名前はどうですか？
キム イ パク

　韓国人の氏名は、漢字1文字の姓と2文字の名前からなっている場合がほとんどですが、たまに1文字の名前の人もいます。

　もともと名字の種類は約250ほどと少ないのですが、なかでも金、李、朴さんだけで、なんと4割以上を占めています。例えば、同じ金さんでも「安東金氏」「金海金氏」などと、本貫（본관）と呼ばれる家系が違うのです。
アンドン　キメ　　　　　　　　　　　　　　ポングァン

　実は、この本貫ごとに名前の付け方の規則があります。トルリムチャ（돌림자）といって世代ごとに名前の1文字を統一する、というルールがあり、文字の部首や意味を揃えることで、その人が始祖から数えて何代目の子孫であるのかが一目でわかるようになっています。例えば、親世代は「木」に関する漢字、本人は「火」、子どもは「土」のように5世代ごとに使う漢字が決まっています。名前に木に関連する「植」とか土に関連する「圭」などの漢字が使われていれば、自分よりも上の世代なのか、下の世代なのかがわかります。相手と同姓同本（姓も本貫も同じ）だとわかったら、名前を見比べてみると、おもしろいことがわかったりもします。
トンソンドンボン

　ちなみに、韓国では夫婦別姓なので、結婚しても女性の姓は変わりません。子どもは基本的には父親の姓を名乗ります。

キーワード

＊本貫（본관）　　　　　　　＊家族（가족）
　ポングァン　　　　　　　　　　カジョク

＊同姓同本（동성동본）　　＊トルリムチャ（돌림자）
　トンソンドンボン　　　　　　　トルリムチャ

木　火
土

表現

이름이 뭐예요? （名前は何ですか。）
イルミ モエヨ

다나카입니다. （田中です。）
タナカ イムニダ

52 定年が50歳って本当ですか？

　日本では、公務員や企業の定年は、ほぼ60歳になっているようですが、韓国では勤務先によってさまざまです。しかし、日本と韓国で決定的に異なっているのは、韓国では定年まで勤めあげられる人が少ないという事実です。特に大企業に多く見られるようですが、多くの人は定年前の50代に会社を去って行くのです。

　定年前の自主的な退職を「名誉退職」と呼びます。多くの人が定年を前にして少しずつ、会社から名誉退職していきます。しかし、本当に自主的に辞める人ばかりではなく、例えば、ある日、急に閑職に異動させられ、同期も次から次へと辞めていくので、仕方なく、といったように、まわりから追い詰められて辞めるケースも多く見られます。

　韓国人は独立心が強いためか、初めから日本人のように入社後定年までずっと同じ会社に勤務しようという気持ちは少ないかもしれません。在職中にサイドビジネスを始める人も多いですし、辞めた後も、退職金で新しいビジネスに挑戦する人も多くいます。しかし、安易に慣れない飲食店などに手を出して事業に失敗する人や、失業してすることもない中高年が増えたりと、最近では社会問題にもなっているようです。

キーワード

定年（정년） チョンニョン　　公務員（공무원） コンムウォン
会社（회사） フェサ　　＊名誉退職（명예퇴직） ミョンイェテジク

表現

일이 바빠요? （仕事は忙しいですか。）
イリ パッパヨ

직업이 뭐예요? （職業は何ですか。）
チゴビ モエヨ

53 結婚式はどんな違いがありますか？

　韓国での結婚式は、日本人にはとてもにぎやかに感じられると思います。また、披露宴に出席する人の数が、日本人の感覚からするとかなり多いと思われるでしょう。

　日本では事前に参加可否の返事をするようですが、韓国ではとにかく自分の知り合いみんなに案内状を送ります。もちろん人にもよりますが、その数は300通から多い人では1000通以上になることもあります。そして出欠の返事はとりません。

　会場では新郎がお客様をお迎えし、受付でご祝儀と引き換えに食券が渡されます。食堂は新郎側・新婦側それぞれ別々になっていて、席の指定はなく自由に座って食事をすることが多いです。そして、二人をお祝いし、食事が済んだら、順次帰ります。

　新郎新婦は挙式をし、その後伝統衣装に着替え、身内で「ペベク（폐백）」と呼ばれる伝統婚礼の挨拶をします。すべて終わり、二人が食堂に現れるころには、お客さんの大半が帰ってしまった後だったりすることもあります。

　結婚式での食事はソルロンタンやククスが一般的です。ですから、韓国では独身の人は「いつククスを食べさせてくれるの？」と声をかけられ、ストレスを感じることもあるそうです。

キーワード

結婚式（결혼식）キョロンシク　　＊ペベク（폐백）ペベク
＊ソルロンタン（설렁탕）ソルロンタン　　＊ククス（국수）ククス

表現

잘 어울려요. （よくお似合いです。）
チャル オウルリョヨ

신부가 예뻐요. （新婦がきれいです。）
シンブガ イェッポヨ

54 リビングに大きな結婚式の写真を飾るのですか？

　結婚式は人生の一大イベントですね。韓国では、気合の入った記念写真を撮りに行く人が多いです。カップルは結婚式の前に、プロのカメラマンに写真を撮ってもらい、二人の写真集を作ります。場所はスタジオのみならず、ウエディングドレスを着たまま、遊園地や景福宮などの観光名所にロケにも行きます。カメラマンの他にメイクさんや手伝いに来てくれた友達やらで、ロケ隊は十数人になることもあり、とにかく大がかりです。

　ちなみに、冬に挙式する場合は、ウエディングドレス姿の新婦に外は寒すぎるので、ソウルの屋内遊園地のロッテワールドで撮影するカップルも多いです。他のお客さんもいるので、初めは恥ずかしがりますが、何度も撮りなおしするのを避けたい、一度で終わらせたい、とがんばっているうちに、だんだんその状況に慣れてきます。

　韓国の家庭では、玄関やリビングなど、家の一番目立つところに大きな結婚記念の写真が飾られていることが多いです。みなさんも結婚式のときの写真、大きく引き伸ばして部屋に飾ってはいかがですか。あの頃が思い出されて、新鮮な気持ちになれるかもしれませんよ。

キーワード

リビング（거실）コシル
写真（사진）サジン
冬（겨울）キョウル
遊園地（유원지）ユウォンジ

表現

사진 찍어 주세요. （写真撮ってもらえませんか。）
サジン ッチゴ ジュセヨ

하나 둘 셋! （1、2、3！）
ハナ トゥル セッ

55 母の日・父の日はありますか？

　日本では、父の日・母の日を別々にお祝いしますが、韓国では父母の日（어버이날<ruby>オボイナル</ruby>）という日があります。

　毎年5月8日の어버이날には、両親に小さなカーネーションや、プレゼントを贈ったりして祝います。特に、幼稚園児や小学生の子どものいる家庭の場合は、幼稚園や学校などで色画用紙で花を作り、メッセージを添えて両親の胸に付けてあげます。ですから、5月8日の朝、通勤時のバス停や駅などでは胸にカーネーションを飾った人たちをたくさん見ることができます。

　人間関係を大事にする韓国ならではの記念日もあります。日本にはない記念日として、たとえば「先生の日（스승의날<ruby>ススンエナル</ruby>）」があげられるでしょう。この日、先生たちは学生から花束やプレゼントをたくさんもらいます。高校や大学では、みんなでお金を集めてプレゼントをします。大学では先生の日はたいてい授業はなく、夜に食事会などをして先生との親交を深めます。

　ちなみに、先生の日の5月15日は、ハングルの制定を行った世宗大王（세종대왕<ruby>セジョンデワン</ruby>）の誕生日なのです。他に、こどもの日（어린이날<ruby>オリニナル</ruby>）は5月5日にあり、5月は家庭に関わる記念日が多いことから、家庭の月（가정의달<ruby>カジョンエダル</ruby>）と呼ばれています。

キーワード

- 学校（학교）ハクキョ
- *ハングル（한글）ハングル
- *先生の日（스승의날）ススンエナル
- *世宗大王（세종대왕）セジョンデワン

表現

시간이 없어요. (時間がありません。)
シガニ オプソヨ

보고 싶어요. (会いたいです。)
ポゴ シポヨ

【付録】

韓国を理解するための
キーワード解説・索引

キーワード解説

番号	キーワード	説明
01 (P.8)	KTX	韓国高速鉄道（Korea Train eXpress）の略。フランスTGVの技術支援で2004年に開業。高速鉄道も在来線もレール幅が同じため、在来線を通る区間もある。
	ソウル駅 서울역	京釜線、京義線、京仁線、空港鉄道などの始発駅。2004年にKTX開業に伴い新しい駅舎になった。ソウル駅都心空港ターミナルも併設。
	釜山駅 부산역	京釜線の終着駅。2004年KTX開業に伴い改装された。釜山地下鉄1号線に接続。釜山広域市は人口約350万人の韓国2番目の都市。
	セマウル号 새마을호	韓国国鉄（KORAIL）の在来線の列車等級で日本の特急に相当。他にムグンファ（むくげ）号がある。「セマウル」とは「新しい村」を意味する。
03 (P.12)	ラーメン 라면	一般にインスタントラーメンを指す。1960年代に発売され、現在では一人あたり消費量は日本を上回り、世界1位である。
04 (P.14)	電車 전철	一般に地下鉄（지하철）のことを指す。ソウルをはじめ、釜山、仁川、大邱、大田、光州にある。
05 (P.16)	銭湯 목욕탕	목욕탕（モギョクタン）と言い、明け方4時頃から夜8時頃まで営業している場合が多い。湯船のほかに、アカスリ台が置かれている。
	チムジルバン 찜질방	チムジル（찜질）とは、サウナのようなものを指す。多くは、大きな湯船なども備え、日本の健康ランドのような施設で、宿泊も可能である。
07 (P.20)	兵役 병역	韓国国籍の男子は20～30歳の間に約2年間兵役に服務する義務があり、その後も予備役の訓練を受ける必要がある。

	予備役 예비역	約2年の兵役終了後、一般社会で生活している男子。有事に備えて定期的な訓練を40歳まで受ける必要がある。
	ROTC （学軍士官） 학군사관	軍の中枢を担う人材育成を目的とした学生軍事教育団。大学3〜4年生時に校内での教育、また、休暇時に実習訓練をし、履修後は少尉として任官される。
08 (P.22)	チョコパイ 초코파이	1974年にオリオンが発売。他社からも発売され、韓国で高い人気を誇る。映画「JSA」では韓国の経済発展の象徴として描かれた。
	トンダク 통닭	鶏の丸焼き。甘辛い味付けで、から揚げぐらいの大きさのものもある。子どものおやつやビールのおつまみとして人気がある。
09 (P.24)	休戦 휴전	朝鮮戦争は1953年7月27日、板門店で北朝鮮、中国両軍と国連軍の間で休戦協定が結ばれ、以来、韓国と北朝鮮は、休戦状態にある。
	軍事境界線 군사경계선	1953年に締結された朝鮮戦争の休戦協定により設定された陸上の休戦ライン。ほぼ北緯38度線付近を通っている。
	38度線 삼팔선	第2次世界大戦が終わり、アメリカとソ連両国が北緯38度線を境に朝鮮半島を南と北に分けて占領した軍事分界線。
10 (P.26)	6.25 육이오	1950年6月25日、北朝鮮軍が38度線を越えて南侵し、始まった戦争のことを、韓国では6.25戦争、または省略して6.25（ユギオ）と呼ぶ。
	臨津江 임진강	韓国中部を源流とし、漢江と合流して黄海に注ぐ河川。河口に江華島がある。軍事境界線に近く、南北分断の象徴として扱われることが多い。
11 (P.28)	板門店 판문점	ソウルの北、約80kmの軍事境界線上にある場所。1953年、休戦協定がここで調印され「軍事停戦委員会」の本会議場などがある。

	共同警備区域 JSA 공동경비구역		板門店一帯の特殊地域。以前は、南北双方の軍人が軍事境界線を越えて共同警備をしていたが、現在は境界線を越えることはない。
	非武装地帯 DMZ 비무장지대		軍事境界線の両側、それぞれ2kmに設けられた軍事的緩衝地帯。自然生態系の学術的研究対象としても注目されている。
	統一展望台 통일전망대		北朝鮮を望むことができる展望台。京畿道坡州市の烏頭山（オドゥサン）、都羅（トラ）、江原道の乙支（ウルチ）、高城（コソン）展望台などがある。
13 (P.32)	漢江 한강		ソウル市内を流れる河川で、漢江より北側を江北、南側を江南と呼ぶ。北朝鮮領内を源流とし、ソウル市内を流れた後、臨津江と合流し、黄海に注ぐ。
	オンドル (温突) 온돌		床下暖房の形式の一つ。本来、煮炊きするかまどの煙を床下に通し、暖める設備を指していたが、近年は電気やガスによる床暖房が一般的。
14 (P.34)	韓流 한류		2000年代前半から始まった全世界規模での韓国大衆文化の流行を指す言葉。ドラマやK-POPなどはアジアのみならず、欧米各国でも人気がある。
15 (P.38)	T-money		バス・地下鉄の他に、タクシーやコンビニでも使えるICカード。ソウルをはじめ釜山、大田などの都市でも利用可能。
21 (P.50)	ホドガジャ 호두과자		くるみをライ麦や小麦粉と混ぜて作った菓子(과자)。もともとは天安（천안）の名物。호두は호도（胡桃）の慣用読みである。
22 (P.52)	コチュジャン 고추장		味噌の一種。コチュ(고추)は唐辛子を指し、唐辛子による甘辛い味が特徴の、韓国料理には欠かせない調味料のひとつ。
	チョングッチャン 청국장		大豆を発酵させたペースト状の調味料。発酵期間は短めで、塩と唐辛子粉を加え、練って作られる。チゲの調味料として用いられることもある。

24 (P.56)	餃子 만두		饅頭（만두）と呼ぶ。焼くものもあるが、多くは揚げたり、蒸したり、茹でたりもする。中華料理店の他、粉食（분식）店と呼ばれる軽食店のメニューにもよく見られる。
25 (P.58)	ピビンバ 비빔밥		混ぜご飯のこと。「ピビム」(비빔)が「混ぜる」、「パプ」(밥)が「飯」を意味し、一般にナムル類を載せて混ぜたご飯を指す。
	ナムル 나물		もやしやほうれん草等の野菜や山菜等を塩ゆでし、調味料とゴマ油であえたもの。家庭では冷蔵庫の中に数種類、おかずとして保存されている。
27 (P.62)	プデチゲ 부대찌개		プデ（부대）は「部隊」のこと。チゲの材料にソーセージ、スパムやラーメンといった保存の利く食材を使うのが特徴の鍋料理。
	ヘジャンク 해장국		酔い覚まし用スープの総称。通常牛肉のスープに、牛の血を固めたものや、スンデ、豚の骨付き肉及び野菜から作られている。
31 (P.72)	デパート 백화점		韓国での3大百貨店は、ロッテ、新世界、現代の3社。地方都市にはそれぞれローカルの百貨店も存在する。
32 (P.74)	マクワ瓜 참외		メロンに似た、ブドウやスイカと並ぶ夏場のポピュラーな果物。各地で盛んに栽培され、マートから市場の露店まで、幅広く目にすることができる。
33 (P.76)	刺身 회		「회」は生で食べる肉魚料理のこと。魚の刺身だけでなく、イカやタコ、肉（ユッケ、ユク（牛肉）＋フェ）なども含まれる。
	パジョン 파전		ねぎを入れた韓国風お好み焼き。ねぎ以外に海産物やキムチなどを入れることも多い。釜山地方では「チヂミ」とも言う。
	マッコリ 막걸리		大衆向け醸造酒の一つ。日本のどぶろくに相当する。米を主原料とし、乳酸菌飲料のようなかすかな酸味と炭酸発泡の味が特徴。

34 (P.78)	模範タクシー 모범택시		黒塗りの高級タクシー。一般のタクシー料金に比べ約2倍だが、車内は広く、一定の資格を持ったドライバーしか運転ができない。
35 (P.80)	マート 마트		広い駐車場を持ち、カートごとエスカレーターに乗せて買物できる、欧米風の大型小売店舗。ロッテマート、ホームプラス、イーマートなどがある。
38 (P.86)	ウォン 원		韓国で使われている通貨単位。漢字「圓」の韓国語読みだが、漢字は用いない。ちなみに「圓」は、日本で「円」、中国では「元」の略字を用いている。
41 (P.92)	大学修学能力試験 대학수학능력시험		修能(수능)とも呼ばれる、各大学共通の入学試験。日本のセンター試験とは異なり、4年制大学の志願者全員が受験する必要がある。
43 (P.98)	初雪 첫눈		「恋人と初雪を見ると、愛が永遠に続く」と言われる。初雪の日は、恋人や友達などに電話などで連絡するほど、特別な日である。
44 (P.100)	ビリヤード場 당구장		ビリヤードは気軽に楽しめる娯楽の一つである。4つ玉(キャロム)が主流であり、ナインボール(ポケットボール)はあまり見かけられない。
45 (P.102)	財閥 재벌		サムスン(三星)、ヒュンダイ(現代)、SK、LGなどが代表的な財閥。経済への影響が、10大財閥の売上高は韓国GDPの大半を占めるといわれている。
46 (P.104)	優先席 노약자석		主に「老弱者席」と呼ぶ。「老弱者・障がい者・妊婦・乳幼児同伴者保護席」とも書かれ、席を空けておくのがマナーである。
48 (P.108)	ビール 맥주		「Cass(カス)」「Hite(ハイト)」「OB(オービー)」「Max(メクス)」の4ブランドがある。全般的にあっさり軽めの味わいが特徴。
	焼酎 소주		20度前後の希釈式焼酎が人気。眞露(ジンロ)は全国的シェアを誇るが、各地方ごとに地元の焼酎ブランドも人気がある。

51 (P.114)	**本貫** 본관	個人の始祖が生まれたところ。または姓の出自地（発祥地）。一つの姓でも複数の本貫があることが多い。
	同姓同本 동성동본	姓と本貫が同一であること。同姓同本の結婚は認められなかったが、現在は8親等以内の血族でなければ結婚可能となっている。
	トルリムチャ 돌림자	名前に特定の漢字を使うことで、世代の上下関係を示す。五行思想に基づく「木・火・土・金・水」に関連した漢字を使うことが各本貫毎に決まっている。
52 (P.116)	**名誉退職** 명예퇴직	定年前に自主退職すること。55〜60歳定年とする企業が多いが、様々な事情により、早い人では10年も早く名誉退職する場合もある。
53 (P.118)	**ペベク** 폐백	本来、結婚式後に新婦が新郎の家族に伝統的なあいさつをする儀式を指すが、最近では新婦の親にもあいさつすることがある。
	ソルロンタン 설렁탕	牛の骨や各部位の肉、舌、内臓を長時間煮込んで作る乳白色のスープ。ゆでた肉類、素麺などに注ぎ、ネギなどをのせて食べる。
	ククス 국수	小麦粉で作った麺料理。温かいスープを加えたカルグクス、コチュジャンを和えた辛いビビンククスなどがある。
55 (P.122)	**先生の日** 스승의날	毎年5月15日で、1960年代に制定された。学校では記念行事をし、担任や尊敬する先生に贈り物をする。ススン（스승）は「師匠」にあたる呼びかた。
	ハングル 한글	韓国語で使われる文字の名前。世宗大王が「訓民正音」として1446年に制定・公布。子音字母と母音字母を組み合わされて文字ができている。
	世宗大王 세종대왕	李氏朝鮮の第4代国王。儒教思想に基づく政治を行い、ハングル（訓民正音）の制定を行ったことで有名。一万ウォン札の肖像画にもなっている。

索 引

			項目	ページ数
ROTC		Reserve Officers' Training Corps	7	20
あいさつ	인사	インサ	23	54
アカスリ	때밀이	ッテミリ	5	16
赤ちゃん	아기	アギ	30	71
飴	엿	ヨッ	41	92
雨	비	ピ	13	33
イッキ飲み	원샷	ウォンシャッ	48	108
一戸建て	개인주택	ケインジュテク	18	44
一般タクシー	일반택시	イルバンテクシ	34	78
臨津江	임진강	イムジンガン	10	26
インターネット	인터넷	イントネッ	39	88
陰暦	음력	ウムニョク	50	112
ウォン	원	ウォン	38	86
駅	역	ヨク	36	83
お母さん	어머니	オモニ	47	106
おかず	반찬	パンチャン	28	64
お父さん	아버지	アボジ	5	16
お姉さん	언니	オンニ	47	107
オンドル	온돌	オンドル	13	32
会員	회원	フェウォン	39	88
外国人	외국인	ウェグギン	20	48
会社	회사	フェサ	52	116
顔	얼굴	オルグル	40	90
菓子	과자	クァジャ	21	50
火葬	화장	ファジャン	17	42
家族	가족	カジョク	51	114
学校	학교	ハクキョ	55	122

カップラーメン	컵라면	コムナミョン	3	12
カップル	커플	コプル	49	110
金持ち	부자	プジャ	45	103
カラオケ	노래방	ノレバン	44	100
革靴	구두	クドゥ	31	72
為替レート	환율	ファンニュル	38	86
漢江	한강	ハンガン	13	32
観光	관광	クァングァン	31	72
韓国語	한국말	ハングンマル	33	77
感情	감정	カムジョン	14	34
勘定	계산	ケサン	20	48
韓流	한류	ハルリュ	14	34
気候	기후	キフ	13	32
北朝鮮	북한	プッカン	11	29
きっぷ	표	ピョ	1	9
記念日	기념일	キニョミル	43	98
気分	기분	キブン	20	48
義務	의무	ウィム	8	22
キムチ	김치	キムチ	28	65
キムチチゲ	김치찌개	キムチッチゲ	22	52
休戦	휴전	ヒュジョン	9	24
今日	오늘	オヌル	20	48
教育	교육	キョユク	16	40
教会	교회	キョフェ	16	41
餃子	만두	マンドゥ	24	56
兄弟	형제	ヒョンジェ	25	58
共同警備区域JSA	공동경비구역	コンドンキョンビクヨク **Joint Security Area**	11	28
距離感	거리감	コリガム	49	110

キリスト教	기독교	キドゥクキョ	16	40
銀行	은행	ウネン	38	87
空港	공항	コンハン	38	86
ククス	국수	ククス	53	118
果物	과일	クァイル	21	50
軍事境界線	군사경계선	クンサギョンゲソン	9	24
軍人	군인	クニン	6	18
軍隊	군대	クンデ	7	21
警戒心	경계심	キョンゲシム	6	18
敬語	경어	キョンオ	47	106
携帯電話	핸드폰	ヘンドゥポン	4	15
KTX		Korea Train eXpress	1	8
経度	경도	キョンド	37	84
結婚式	결혼식	キョロンシク	53	118
健康	건강	コンガン	30	70
恋人	애인	エイン	24	56
合格	합격	ハプキョク	41	92
高級	고급	コグプ	45	102
高校生	고등학생	コドゥンハクセン	41	92
公衆便所	공중변소	コンジュンビョンソ	19	46
豪邸	부잣집	プジャッチプ	45	102
後輩	후배	フベ	6	18
交番	파출소	パチュルソ	36	82
公務員	공무원	コンムウォン	52	116
合理的	합리적	ハムニジョク	2	10
告白	고백	コベク	43	98
午後	오후	オフ	37	85
心	마음	マウム	17	43
コチュジャン	고추장	コチュジャン	22	52
国境	국경	ククキョン	9	24

子ども	아이	アイ	12	30
ご飯	밥	パプ	26	60
ゴミ箱	휴지통	ヒュジトン	19	46
コンビニ	편의점	ピョニジョム	35	81
サービスエリア	휴게소	ヒュゲソ	19	46
財閥	재벌	チェボル	45	102
酒	술	スル	48	108
刺身	회	フェ	33	76
サッカー	축구	チュクク	44	100
38度線	삼팔선	サムパルソン	9	24
時間	시간	シガン	37	84
時間割	시간표	シガンピョ	42	94
仕事	일	イル	52	117
時差	시차	シチャ	37	84
自転車	자전거	チャジョンゴ	29	68
自動車	자동차	チャドンチャ	2	10
自動ドア	자동문	チャドンムン	34	78
写真	사진	サジン	9	25
社長	사장님	サジャンニム	45	102
シャワー	샤워	シャウォ	5	17
十字架	십자가	シプチャガ	16	40
住民登録証	주민등록증	チュミンドゥンノクチュン	39	88
シュポ	슈퍼	シュポ	35	80
焼酎	소주	ソジュ	48	108
商売	장사	チャンサ	27	62
商品券	상품권	サンプムクォン	31	72
職業	직업	チゴプ	52	117
食事	식사	シクサ	26	60
食堂	식당	シクタン	28	64
親戚	친척	チンチョク	30	70

新村	신촌	シンチョン	15	39
新婦	신부	シンブ	53	119
スイカ	수박	スバㇰ	32	74
スープ	국물	クンムル	22	53
酢豚	탕수육	タンスユㇰ	24	56
生活	생활	センファル	30	70
整形	성형	ソンヒョン	40	90
席	자리	チャリ	1	9
世宗大王	세종대왕	セジョンデワン	55	122
セマウル号	새마을호	セマウロ	1	8
先生	선생님	ソンセンニㇺ	12	30
先生の日	스승의날	ススンエナル	55	122
銭湯	목욕탕	モギョクタン	5	16
葬式	장례식	チャンネシㇰ	17	42
ソウル駅	서울역	ソウルリョㇰ	1	8
ソルロンタン	설렁탕	ソルロンタン	53	118
大学	대학	テハㇰ	42	94
大学修学能力試験	대학수학능력시험	テハㇰスハンヌンニョㇰシホㇺ	41	92
大韓民国	대한민국	テハンミングㇰ	39	88
建物	건물	コンムル	18	44
タバコ	담배	タムベ	46	104
誕生日	생일	センイル	39	89
男性	남성	ナムソン	12	30
治安	치안	チアン	6	18
地下鉄	지하철	チハチョル	29	68
チムジルバン	찜질방	ッチムジルバン	5	16
中華料理店	중국집	チュングㇰチㇷ゚	24	56
中国	중국	チュングㇰ	37	84
駐車場	주차장	チュチャジャン	2	10

チョコパイ	초코파이	チョコパイ	8	22
チョングクチャン	청국장	チョングクチャン	22	52
通訳	통역	トンヨク	34	78
つまようじ	이쑤시개	イッスシゲ	26	60
T-money		T-money	15	38
定年	정년	チョンニョン	52	116
デザート	디저트	ティジョトゥ	32	74
デザイン	디자인	ティジャイン	21	51
デパート	백화점	ペクカジョム	31	72
手ぶら	빈손	ピンソン	21	50
寺	절	チョル	16	41
電車	전철	チョンチョル	4	14
電話	전화	チョナ	4	14
トイレ	화장실	ファジャンシル	19	47
トイレットペーパー	화장실휴지	ファジャンシルヒュジ	19	46
統一展望台	통일전망대	トンイルジョンマンデ	11	28
東京	도쿄	トキョ	13	32
同姓同本	동성동본	トンソンドンボン	51	114
歳	나이	ナイ	50	112
図書館	도서관	トソグァン	42	94
友達	친구	チング	4	14
ドラマ	드라마	トゥラマ	45	103
トルリムチャ	돌림자	トルリムチャ	51	114
トンダク	통닭	トンダク	8	22
なべ	냄비	ネムビ	3	12
名前	이름	イルム	51	115
涙	눈물	ヌンムル	17	43
ナムル	나물	ナムル	25	58
日韓関係	일한관계	イラングァンゲ	14	34

日本	일본	イルボン	39	89
日本語	일본어	イルボノ	47	106
日本人	일본사람	イルボンサラム	36	83
日本料理店	일식집	イルシクチプ	33	76
荷物	짐	チム	29	68
人気	인기	インキ	28	64
年齢	연령	ヨルリョン	46	104
乗り継ぎ	환승	ファンスン	15	38
売店	매점	メジョム	42	94
墓	묘	ミョ	17	42
ハサミ	가위	カウィ	23	55
箸	젓가락	チョッカラク	26	61
場所	장소	チャンソ	36	82
パジョン	파전	パジョン	33	76
バス	버스	ポス	15	38
バスケット	농구	ノング	44	100
バス停	버스정류장	ポスジョンニュジャン	15	38
パック	팩	ペク	40	91
初雪	첫눈	チョンヌン	43	98
花束	꽃다발	ッコッタバル	43	98
ハングル	한글	ハングル	55	122
ハンバーガー	햄버거	ヘムボゴ	23	54
板門店	판문점	パンムンジョム	11	28
ビール	맥주	メクチュ	48	108
ひざ	무릎	ムルプ	25	58
一人	혼자	ホンジャ	23	54
ピビンバ	비빔밥	ピビムパプ	25	58
皮膚	피부	ピブ	40	90
非武装地帯 DMZ	비무장지대	ピムジャンジデ	11	28

		Demilitarized Zone		
病院	병원	ピョンウォン	40	90
ビリヤード場	당구장	タングジャン	44	100
ファンミーティング				
	팬미팅	ペンミティン	14	35
夫婦	부부	プブ	17	42
釜山駅	부산역	プサンニョク	1	8
ふた	뚜껑	ットゥコン	3	12
豚肉	돼지고기	テジゴギ	22	52
普通	보통	ポトン	36	82
仏教	불교	プルギョ	16	40
プデチゲ	부대찌개	プデチゲ	27	62
冬	겨울	キョウル	54	120
兵役	병역	ピョンヨク	7	20
ヘジャンク	해장국	ヘジャンクク	27	62
ペベク	폐백	ペベク	53	118
部屋	방	パン	49	110
ベランダ	베란다	ペランダ	18	44
勉強	공부	コンブ	41	93
弁当	도시락	トシラク	35	80
便利	편리	ピョルリ	29	68
法事	제사	チェサ	10	26
訪問	방문	パンムン	32	74
ホテル	호텔	ホテル	38	86
ホドガジャ	호두과자	ホドゥグァジャ	21	50
本貫	본관	ポングァン	51	114
マート	마트	マトゥ	35	80
マクワ瓜	참외	チャメ	32	74
マッコリ	막걸리	マクコルリ	33	76
マッサージ	맛사지	マッサジ	40	91

マナー	매너	メノ	46	104
マンション	아파트	アパトゥ	18	44
店	가게	カゲ	23	54
明洞	명동	ミョンドン	15	39
未来	미래	ミレ	14	34
息子	아들	アドゥル	12	30
名誉退職	명예퇴직	ミョンイェテジク	52	116
メール	메일	メイル	4	15
麺	면	ミョン	3	13
面会	면회	ミョネ	8	22
免税店	면세점	ミョンセジョム	35	80
模範タクシー	모범택시	モボムテクシ	34	78
野球	야구	ヤグ	44	101
遊園地	유원지	ユウォンジ	54	120
優先席	노약자석	ノヤクチャソク	46	104
指輪	반지	パンジ	30	70
陽暦	양력	ヤンニョク	50	112
予備役	예비역	イェビヨク	7	20
ラーメン	라면	ラミョン	3	12
離散家族	이산가족	イサンカジョク	10	26
リビング	거실	コシル	54	120
流行	유행	ユヘン	4	14
旅行	여행	ヨヘン	36	82
礼儀	예의	イェイ	49	110
冷蔵庫	냉장고	ネンジャンゴ	28	64
冷麺	냉면	ネンミョン	27	63
浪人	재수생	チェスセン	7	20
6.25	육이오	ユギオ	10	26
路上駐車	노상주차	ノサンジュチャ	2	10
椀	공기	コンギ	26	60

おわりに

　来日して、はや19年目になろうとしています。縁あって、韓国語教育に携わってきましたが、その間、数え切れないほど多くの日本人の学生や社会人に出会いました。私と日本人の間の共通キーワードとは、言うまでもなく「韓国」です。この韓国を、いかに心をこめて日本人に伝えたらいいのか、相手が一人であっても、数百人であっても、難解な課題です。

　学生たちは、いろいろなことを言ってきます。「先生、ヨン様に会ったことあるの？」と何度聞かれたことか。返事の前に、「私を誰だと思っているのだろう？」と心の中で迷ってしまいます。また、「少女時代とKARA、どっちが好きなの？」と聞かれたら、どっちを好きだと答えたらいいのだろうかと、迷い続けます。実際、教壇に立つ多くの韓国語の先生がたが、このような質問にどう答えていらっしゃるのか、それこそお聞きしたいところです。

　私は、韓国を代表する立場ではありませんが、学生たちからすれば、韓国のことを聞ける唯一の身近な存在なのかもしれません。そこで、韓国に関する日本人の素朴な疑問に答える本を作れば、より多くの人に韓国を伝えられるのではないかと思ったことが、そもそものきっかけでした。

　しかし、431名から集めた、約4500ものアンケートのデータを集計するだけでも気が遠くなる思いでした。ところが、社会人のクラスで協力いただける方を募ったところ、なんと50名以上の方に集まっていただき、1週間も経たないうちに、すっかりデータ整理が終わってしまいました。

　こうなったら、本にするしかないと思い、長年私の研究室に来られていた白帝社の小原さんに相談にあがりました。門前払い覚悟で東京に行ったのですが、なんと快く引き受けていただきました。編集・構成を

していただいた大和さんと、絵を描いていただいた福長さんにも、これまた即答でOKをいただきました。これは、必死でがんばろうと思い、多くの方々のお力を借りて、やっとここまでたどり着くことができました。

　亡き母から、「日本でお世話になった方々に恩返しをするまで、韓国に帰ってこなくてもいい」と、生前に言われていました。私にできることは、日本のみなさんとの共通キーワードである「韓国」を、温かく伝えることだと思い、恩返しのつもりで始めたことでしたが、かえってさらに多くの方にお世話になってしまいました。本書の執筆にあたり、みなさんのやさしい気持ちに触れたことが何よりうれしく思います。

　すべての方に、감사합니다（カムサハムニダ）。

本書は、企画から制作過程にいたるまで、多くの学生と社会人にご協力いただきました。データの入力作業や、本のレイアウト、表紙など、みなさんからのご意見をすべて参考にさせていただきました。お名前の掲載を承諾いただいた方々は、下記のとおりです。

(敬称略、五十音順)

天野公子	角野春奈	寒川千代子	福田かおり
伊神れい子	河合秀展	武田真治	舟橋弘美
石原容子	川崎雅美	竹村文碩	廣田直子
入江眞智子	川村雅美	田中圭子	松谷百合子
今田玲子	木村瑞恵	田辺浩美	武藤功
伊藤彰侯	楠元法子	種田裕子	武藤啓子
上圭子	楠元通之	田村ひとみ	守屋ひろ美
上寺弘	國司和裕	藤香苗	山口美保
上野和夫	小久保美香	外山知代	山下幸子
鵜飼滋子	小林茂生	名和手千明	山田眞知子
牛尾八千恵	小林トモエ	羽場典子	大和雄一
大久保マツ子	坂本道雄	日高昌美	山本芳枝
大久保裕司	下脇悦子	日野信彦	横川京子
岡本英明	末武紀美子	平岡恭子	吉田陽子
折戸智美	住田真奈美	平岡朋子	ほか、匿名の方

　また、匿名ご希望の方々にもこの場を借りて、厚くお礼申し上げます。さらに、白帝社の佐藤社長をはじめ、小原様、伊佐様にも大変お世話になりました。
　さまざまなご支援ご協力いただき、誠にありがとうございました。

著者紹介

朴大王（Park Daewang）
1970年、ソウル生まれ。
名古屋大学大学院国際言語文化研究科博士後期課程を経て、現在、広島修道大学教授。

カバー絵・挿絵：福長弘志（一般社団法人二紀会会員）
編集・構成：大和雄一

ソウルスタイル

2013年 3月15日　初版発行
2025年 3月25日　9刷発行

*

著者／朴大王

*

発行者／佐藤和幸
発行所／（株）白帝社
〒171-0014 東京都豊島区池袋 2-65-1
電話 03-3986-3271 FAX 03-3986-3272
https://www.hakuteisha.co.jp

組版／（株）柳葉コーポレーション
印刷／倉敷印刷(株)　製本／(株)ティーケー出版印刷

＊本書は著作権法で保護されています。無断で複製（写真撮影，コピー，スキャン等）することは禁止されています。